SANS FAIRE D'HISTOIRE

ANECDOTES MÉCONNUES QUI ONT FAIT LE QUÉBEC

LES ÉDITIONS DE L'HOMME
Une société de Québecor Média

ANNE DE LÉAN

Éditrice déléguée : Jacinthe Laporte
Révision linguistique : Fleur Nesham
Direction artistique : Philippe Archontakis
Design graphique : Philippe Archontakis
Photo de l'auteure : Julia Marais

Catalogage avant publication de Bibliothèque et
Archives nationales du Québec et Bibliothèque
et Archives Canada

De Léan, Anne, 1977-

    Sans faire d'histoire : anecdotes méconnues qui ont fait le Québec

    Comprend des références bibliographiques et un index.

    ISBN 978-2-7619-3981-2

    1. Québec (Province) - Histoire - 20e siècle. 2. Québec (Province) -
Anecdotes. I. Titre.

FC2911.L42 2014   971.4'04   C2014-941398-X

DISTRIBUTEURS EXCLUSIFS :

Pour le Canada et les États-Unis :
MESSAGERIES ADP inc.*
2315, rue de la Province
Longueuil, Québec J4G 1G4
Téléphone : 450-640-1237
Télécopieur : 450-674-6237
Internet : www.messageries-adp.com
* filiale du Groupe Sogides inc.,
  filiale de Québecor Média inc.

Pour la France et les autres pays :
INTERFORUM editis
Immeuble Paryseine, 3, allée de la Seine
94854 Ivry CEDEX
Téléphone : 33 (0) 1 49 59 11 56/91
Télécopieur : 33 (0) 1 49 59 11 33
Service commandes France Métropolitaine
Téléphone : 33 (0) 2 38 32 71 00
Télécopieur : 33 (0) 2 38 32 71 28
Internet : www.interforum.fr
Service commandes Export – DOM-TOM
Télécopieur : 33 (0) 2 38 32 78 86
Internet : www.interforum.fr
Courriel : cdes-export@interforum.fr

Pour la Suisse :
INTERFORUM editis SUISSE
Case postale 69 – CH 1701 Fribourg – Suisse
Téléphone : 41 (0) 26 460 80 60
Télécopieur : 41 (0) 26 460 80 68
Internet : www.interforumsuisse.ch
Courriel : office@interforumsuisse.ch
Distributeur : OLF S.A.
ZI. 3, Corminboeuf
Case postale 1061 – CH 1701 Fribourg – Suisse
Commandes :
Téléphone : 41 (0) 26 467 53 33
Télécopieur : 41 (0) 26 467 54 66
Internet : www.olf.ch
Courriel : information@olf.ch

Pour la Belgique et le Luxembourg :
INTERFORUM BENELUX S.A.
Fond Jean-Pâques, 6
B-1348 Louvain-La-Neuve
Téléphone : 32 (0) 10 42 03 20
Télécopieur : 32 (0) 10 41 20 24
Internet : www.interforum.be
Courriel : info@interforum.be

Gouvernement du Québec – Programme de crédit
d'impôt pour l'édition de livres – Gestion SODEC –
www.sodec.gouv.qc.ca

L'Éditeur bénéficie du soutien de la Société de
développement des entreprises culturelles du
Québec pour son programme d'édition.

Conseil des Arts   Canada Council
du Canada   for the Arts

Nous remercions le Conseil des Arts du Canada de
l'aide accordée à notre programme de publication.

Nous reconnaissons l'aide financière du gouvernement du Canada par l'entremise du Fonds du
livre du Canada pour nos activités d'édition.

06-14

Dépôt légal : 2014
Bibliothèque et Archives nationales du Québec
ISBN 978-2-7619-3981-2

« On est toujours le folklore de quelqu'un d'autre. »

Michel Tremblay (extrait de *Des nouvelles d'Édouard.*)

TABLE DES MATIÈRES

AVANT-PROPOS

Vous tenez présentement une série documentaire animée entre vos mains !

Les bons projets se détectent dès les premières pages, qu'il s'agisse de projets de livres, de cinéma ou de télévision.

Ce recueil que vous feuilletez constituait d'abord une série d'animation historique, proposée par une jeune réalisatrice télé avec laquelle je travaillais dans une maison de production.

L'idée était exactement celle développée ici : traiter d'histoire sans se prendre au sérieux, mais en toute rigueur, avec un petit je-ne-sais-quoi de coloré et d'accessible.

Le projet étant jugé trop coûteux pour la télévision, l'auteure a récupéré ses droits sur le concept. Mais que de bon matériel voué à l'oubli ! « Faisons-en un livre », ai-je lancé autour d'un café. Nous ne nous connaissions pas beaucoup, mais nous avions envie de foncer ensemble.

Nous voilà donc quelques mois plus tard (plusieurs à vrai dire), avec ce bébé commun. (Nous en avons toutes les deux eu un vrai entre-temps, ça décale la production !)

À défaut d'une série documentaire animée, nous vous présentons une série d'anecdotes vivantes qui, nous l'espérons, sauront vous divertir tout en vous informant, que vous les lisiez dans l'ordre ou le désordre, sans faire d'histoires, quoi !

Jacinthe Laporte
éditrice déléguée

MOT DE L'AUTEURE

Je n'ai pas de formation en histoire, mais mon métier de réalisatrice m'amène à en raconter. C'est pourquoi j'ai écrit ce livre. Du plus loin que je me souvienne, j'ai toujours aimé l'histoire : celle avec un grand H mais aussi – et peut-être surtout – celle qui en a un tout petit. J'aime découvrir ces événements méconnus et cocasses qui font dire « Ben voyons ! », ces anecdotes qui nous font connaître un Québec palpitant, surprenant et innovateur.

Cependant, trouver ces anecdotes n'a pas toujours été simple. Les facettes des événements qui vous sont présentés ici ne sont pas racontées dans les manuels d'histoire. Pour les dénicher, j'ai dû fouiller dans les journaux d'époque, consulter des tonnes d'ouvrages et faire valider mes pistes de recherche par des historiens ou des gens qui ont été témoins de près ou de loin de ces petites histoires.

J'ai donc rencontré des dizaines de personnes qui ont généreusement partagé leurs souvenirs avec moi. Parmi eux : l'animateur Paul Houde, l'ancien ministre Claude Castonguay, l'animatrice Renée Hudon, le chroniqueur Michel Girouard, sa majesté Denys 1er, le directeur du planétarium de Montréal Pierre Lacombe, les deux acteurs principaux de *La guerre des tuques* ainsi que la coscénariste du film, l'ex-enquêteur spécialisé dans les crimes relatifs à l'art Alain Lacoursière, Roger La Roche qui a travaillé à l'Expo 67, ainsi que le fils du révérend qui a marié Elizabeth Taylor à Montréal. Je les remercie chacun du temps qu'ils m'ont accordé. Grâce à leurs rencontres, ces histoires ont pu prendre vie. L'historien Marcel Tessier, ce conteur hors pair, m'a aussi été d'un grand secours.

J'ai eu énormément de plaisir à chercher et à écrire toutes ces histoires, bien assise à la bibliothèque entre deux, trois piles de livres. Je vous en souhaite tout autant pendant votre lecture.

Anne De Léan
réalisatrice

SAVIEZ-VOUS QU'UN TRAGÉDIEN GALLOIS ET UNE GRANDE STAR HOLLYWOODIENNE ONT CONTRIBUÉ À LA RÉFLEXION SUR LE MARIAGE CIVIL AU QUÉBEC ?

Nous sommes dans les années 1960 – plus précisément en 1964. Le Québec entame sa Révolution tranquille, et ce, bien tranquillement : si plusieurs choses commencent à changer, d'autres résistent encore, comme la mainmise de l'Église sur certaines institutions. Lorsque Elizabeth Taylor débarque à Montréal avec son fiancé du moment, Richard Burton, pour en faire son époux, elle ne se doute probablement pas des conséquences que laissera son passage dans la Belle Province...

Tout d'abord, précisons qu'Elizabeth Taylor et Richard Burton se sont rencontrés en 1961 sur le plateau du film *Cléopâtre*. Ils sont déjà des acteurs hollywoodiens très connus, mais ils sont aussi tous les deux « très mariés » : lui avec l'actrice Sybil Williams et elle, avec le chanteur Eddie Fisher. Dès leur rencontre, ils commencent sans attendre une idylle qui, pour l'époque, est considérée si scandaleuse que la presse internationale en fait ses choux gras, le Vatican la dénonce publiquement et un membre du Congrès américain propose une motion pour bannir les deux acteurs des États-Unis !

Au cœur de cette tourmente, Richard Burton est appelé à jouer *Hamlet* à Toronto et Elizabeth l'y accompagne. Auparavant, ils ont tous les deux réussi à obtenir au Mexique un divorce éclair de leurs conjoints respectifs (le divorce est difficile à obtenir au Canada et aux États-Unis au début des années 1960) et maintenant ils brûlent d'envie d'unir leur destinée.

Le hic, c'est qu'en 1964, le divorce mexicain n'est pas reconnu en Ontario, ni aux États-Unis d'ailleurs. Il est donc impossible pour la belle Liz de trouver un officiant voulant célébrer cette cérémonie à Toronto. En regardant les diverses possibilités qui s'offrent à lui, le couple tombe sur une différence juridique interprovinciale qui lui redonne espoir : au Québec, les lois concernant le divorce sont plus souples.

L'avocat du couple entame donc des démarches pour trouver un officiant prêt à les marier au Québec. Comme le mariage célébré par un représentant laïc n'existe pas dans la Belle Province, on doit obligatoirement passer par une cérémonie religieuse. Et même si le divorce est reconnu au Québec, l'union entre divorcés est encore très mal perçue par les gens d'Église. L'avocat des Taylor-Burton a tout un mandat sur les bras !

ÉPOUSE EN SÉRIE

QUAND ELIZABETH TAYLOR CÉLÈBRE SON UNION AVEC RICHARD BURTON, ELLE A 32 ANS ET EN EST DÉJÀ À SON CINQUIÈME MARIAGE. ELLE SE MARIERA AU TOTAL HUIT FOIS. ELLE A 18 ANS LORSQU'ELLE ÉPOUSE SON PREMIER MARI, CONRAD NICHOLSON HILTON JR. (UN DES HÉRITIERS DE L'EMPIRE HÔTELIER), ET 64 ANS LORSQU'ELLE DIVORCE DE SON DERNIER ÉPOUX, LARRY FORTENSKY, RENCONTRÉ EN CURE DE DÉSINTOXICATION.

Le cinquième mariage d'Elizabeth Taylor et le deuxième mariage de Richard Burton est officialisé dans le salon royal du Ritz Carlton de Montréal. Registre inédit des mariages de l'Église unitarienne de Montréal.

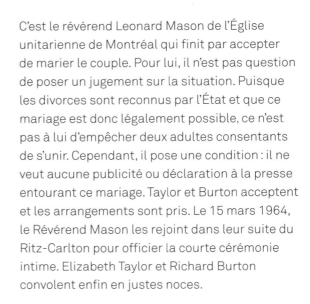

C'est le révérend Leonard Mason de l'Église unitarienne de Montréal qui finit par accepter de marier le couple. Pour lui, il n'est pas question de poser un jugement sur la situation. Puisque les divorces sont reconnus par l'État et que ce mariage est donc légalement possible, ce n'est pas à lui d'empêcher deux adultes consentants de s'unir. Cependant, il pose une condition : il ne veut aucune publicité ou déclaration à la presse entourant ce mariage. Taylor et Burton acceptent et les arrangements sont pris. Le 15 mars 1964, le Révérend Mason les rejoint dans leur suite du Ritz-Carlton pour officier la courte cérémonie intime. Elizabeth Taylor et Richard Burton convolent enfin en justes noces.

Les illusions du révérend seront cependant de courte durée. L'après-midi même du mariage, l'entente de non-publicité est brisée… par le publiciste du couple ! Le révérend est furieux et sa vie est bousculée. Le téléphone ne dérougit pas : les journalistes veulent tout savoir de ce mariage scandaleux. Plusieurs citoyens lui reprochent aussi son geste, surtout considérant la réputation des deux acteurs.

Cet événement fait réfléchir Leonard Mason sur l'urgence de l'implantation du mariage civil au Québec. C'est alors qu'il se décide à joindre un mouvement pour la promotion du mariage civil. On dit même qu'il va personnellement cogner à la porte du maire de Montréal, Jean Drapeau, cherchant son appui pour que cette idée soit présentée au gouvernement. Toutes ces initiatives ont pour but de faire de l'implantation du mariage

METTRE L'AMOUR DANS SES BAGAGES

ON RAPPORTE QU'APRÈS SON PASSAGE À MONTRÉAL, ELIZABETH TAYLOR AURAIT DÉCLARÉ QU'ELLE ÉTAIT SI HEUREUSE QU'ELLE ÉTAIT CERTAINE QUE CE MARIAGE DURERAIT TOUJOURS… CE NE FUT PAS LE CAS !

DIX ANS APRÈS LEURS NOCES DU RITZ-CARLTON, RICHARD BURTON ET ELIZABETH TAYLOR DIVORCENT EN SUISSE… POUR SE REMARIER AU BOTSWANA 16 MOIS PLUS TARD, SOIT EN 1976. LE DEUXIÈME CONTE DE FÉES EST ENCORE PLUS COURT : MOINS D'UN AN APRÈS, LE DIVORCE DU DEUXIÈME MARIAGE EST PRONONCÉ EN HAÏTI. DES AMOURS TUMULTUEUSES CERTES, MAIS ASSURÉMENT GLOBE-TROTTERS.

civil une priorité de l'État – une idée qui déjà avait reçu un bon coup de pouce grâce à la couverture médiatique du mariage de Taylor et Burton.

Malheureusement, peu de traces restent pour témoigner de l'étendue de l'influence du Révérend Mason sur la progression de cette idée. Une chose est toutefois certaine, c'est qu'en 1968, le mariage civil est reconnu au Québec grâce à la loi déposée par le gouvernement de Jean-Jacques Bertrand, et, fort probablement aussi, un peu grâce à la belle Liz Taylor...

ÊTRE OU NE PAS ÊTRE...

ON DIT QUE, JUSTE AVANT LA CÉRÉMONIE, RICHARD BURTON AURAIT DEMANDÉ AU RÉVÉREND MASON CE QU'IL POUVAIT FAIRE POUR LE REMERCIER D'AVOIR ACCEPTÉ DE LES UNIR. LE RÉVÉREND AURAIT RÉPONDU : « RÉCITEZ-MOI DES VERS DE SHAKESPEARE ! »

UN RÉVÉREND NOVATEUR ET ENGAGÉ

LE RÉVÉREND MASON EST NÉ EN 1912 EN ANGLETERRE, UN PAYS À L'ÉPOQUE PLUS LIBÉRAL QUE LE CANADA SUR LES RÈGLES ENTOURANT LE MARIAGE.

IL EST ENGAGÉ COMME RÉVÉREND À L'ÉGLISE UNITARIENNE DE MONTRÉAL EN 1960.

DÈS SON ARRIVÉE À MONTRÉAL, IL CÉLÈBRE DES MARIAGES INTERRELIGIEUX, UNIONS OÙ LES ÉPOUX NE SONT PAS DE LA MÊME CONFESSION. PEU DE CÉLÉBRANTS ACCEPTAIENT ALORS D'OFFICIER DE TELLES CÉRÉMONIES.

DANS LES ANNÉES 1970, IL TRAVAILLE AUX CÔTÉS DU DR. MORGENTALER POUR PROMOUVOIR LE DROIT À L'AVORTEMENT.

LE RÉVÉREND MASON PREND SA RETRAITE EN 1977 ET DÉCÈDE EN 1995.

Le révérend Leonard Mason, devant chez lui à Notre-Dame-de-Grâce dans les années 1960.

UN
ESPION
ALLEMAND
EN

GASPÉSIE

1942

LA FIN DE L'ANNÉE 1942 APPROCHE ET IL Y A MAINTENANT PRESQUE TROIS ANS QUE LA DEUXIÈME GUERRE MONDIALE FAIT RAGE. ALORS QUE LES COMBATS PERDURENT OUTRE-MER, LES ALLEMANDS METTENT EN PLACE UNE NOUVELLE STRATÉGIE POUR AFFAIBLIR LEURS OPPOSANTS : ILS ENVOIENT LEURS SOUS-MARINS U-BOOTE DANS L'ATLANTIQUE POUR COULER LES NAVIRES D'AMÉRIQUE DU NORD QUI PARTENT RAVITAILLER LES ALLIÉS EN EUROPE.

Toutefois, ces sous-marins ne naviguent pas seulement au large : certains s'approchent dangereusement des côtes de la Gaspésie. Avec cette menace qui plane, les habitants de la péninsule sont sur le qui-vive, et le gouvernement aussi. Des mesures incitant les citoyens à être discrets sont donc mises de l'avant, comme prendre l'habitude d'éteindre les lumières avant la noirceur pour éviter que l'ennemi puisse repérer les villages côtiers.

Une prudence exagérée ? Non, et pour cause ! Le 9 novembre 1942, durant la nuit, un des U-Boote, le sous-marin U-518, s'avance vers les rives de la baie des Chaleurs en Gaspésie avec une mission bien spéciale : débarquer l'espion allemand Werner von Janowski.

Dès qu'il pose pied à terre, Janowski se met en route pour New Carlisle, le village le plus proche. Fatigué et

Les photographies d'arrestation de l'espion allemand Werner von Janowski, lorsque démasqué.

BEAU TEMPS, MAUVAIS TEMPS

SAVIEZ-VOUS QUE, DURANT LA DEUXIÈME GUERRE MONDIALE, LES MÉDIAS DU QUÉBEC NE DONNAIENT JAMAIS LA MÉTÉO ? AU CAS OÙ L'ENNEMI POURRAIT EN PROFITER...

Le village de New Carlisle — photographié ici en 1927 — est bordé par la baie des Chaleurs. Il se situe entre Bonaventure et Paspébiac en Gaspésie.

affamé, il souhaite se rafraîchir avant de prendre le train pour Montréal. Il décide donc de louer une chambre à l'hôtel The Carlisle, appartenant à Earle Annett et sa famille.

Au comptoir ce matin-là, une femme de chambre d'à peine 20 ans, Simonne Loubert, accueille le visiteur. Le comportement de l'espion, qui se présente sous le nom de William Brenton, attire l'attention de la jeune fille. Il semble nerveux. Avec raison...

Janowski raconte à Loubert être arrivé par autobus le matin même. Cependant – et la femme de chambre le sait bien –, il n'y a aucun passage d'autobus à New Carlisle cette journée-là. Elle en glisse un mot à son patron. Auraient-ils affaire à un espion ? L'homme semble bel et bien mentir, mais ce n'est pas assez pour tirer quelque conclusion que ce soit. Il faut plus de preuves, des preuves tangibles, avant d'alerter les autorités. Elles ne tarderont pas à venir.

Après s'être reposé, Janowski descend au lobby pour régler la note de sa chambre. Pour payer sa facture, il sort des billets dont le format est beaucoup plus grand que ceux qui sont en circulation en 1942. Les dollars canadiens qu'il possède datent de bien avant la guerre et depuis, le gouvernement en a introduit de nouveaux. Pour un espion voulant passer incognito, il ne met pas toutes les chances de son côté !

Janowski quitte ensuite rapidement l'auberge pour la gare. Devant les anomalies qui s'accumulent, M. Annett, le propriétaire, monte

L'hôtel The Carlisle à New Carlisle, où Janowski prit une chambre à son arrivée au Québec pendant la Deuxième Guerre Mondiale.

dans la chambre qu'avait occupée le visiteur. En y entrant, il reconnaît tout de suite l'émanation qui flotte dans l'air : celle du diesel. Provenant d'une famille de pêcheurs, Annett connaît bien cette odeur. Si l'homme est venu par autobus comme il l'affirme, alors pourquoi sa chambre sent-elle « l'essence à bateau » ?

Peu après, le bambin d'Annett trouve, en jouant sur le plancher de la chambre, un paquet d'allumettes qui porte l'inscription « Fabriqué en Belgique ». En 1942, les allumettes belges sont loin d'être courantes en Gaspésie. En plus de provenir d'Europe, il est indéniable qu'elles n'ont pas été achetées au Canada : le paquet n'est pas marqué du sceau fédéral que l'on retrouve sur les paquets vendus au pays à l'époque. Pour M. Annett, les doutes se confirment peu à peu.

DES VALISES BIEN REMPLIES

DANS LES BAGAGES DE JANOWSKI :

UN ÉMETTEUR RADIO DE 40 WATTS

UN PISTOLET AUTOMATIQUE DE CALIBRE 25

TROIS LIVRES DONT UN EXEMPLAIRE DE *MARY POPPINS*

POUR DÉROUTER LE BOCHE

METS TA LANGUE DANS TA POCHE

J   AQF.B   IMPRIMÉE AU CANADA.   PUBLIÉE PAR LE SERVICE DE L'INFORMATION, MINISTÈRE DES SERVICES NATIONAUX DE GUERRE, OTTAWA   B

Affiche du ministère fédéral des services nationaux de guerre datant de 1942. En temps de guerre, le gouvernement rappelle que le silence est d'or...

Earle Annett Jr., un des fils de M. Annett, travaille à l'hôtel. En âge de s'engager dans les forces armées, il a cependant été exempté du service militaire à cause d'une blessure à la jambe. Être cloué à New Carlisle et ne pas pouvoir traverser outre-mer pour aider à la cause le frustre énormément. Lorsqu'il apprend qu'un espion présumé a séjourné à l'hôtel, il voit une occasion de participer lui aussi aux efforts de guerre. Il part donc à la gare avec l'intention de tendre un piège à Janowski, qu'il retrouve installé au restaurant de la gare en attente de son train pour Montréal. Mine de rien, Annett l'aborde en lui demandant du feu pour allumer sa cigarette. Janowski lui prête ses allumettes… qui sont, encore une fois, belges.

Annett alerte immédiatement la police pour le dénoncer. Les policiers montent à bord du train au moment même où celui-ci quitte la gare. Lorsqu'on le retrouve, Janowski n'oppose aucune résistance. D'emblée, à la demande de fouiller ses bagages, il répond : « Ça ne sera pas nécessaire. Je suis un officier allemand qui sert son pays comme vous le faites vous-même. »

On rapporte que Janowski coopéra avec les autorités canadiennes dans les mois qui suivirent son arrestation. Il fut ensuite envoyé en Angleterre où il assista les services secrets britanniques jusqu'à l'armistice.

Le grand public n'apprendra qu'en 1945 l'histoire de cet espion amateur démasqué grâce à la vigilance des employés d'un hôtel. Cette histoire fut gardée secrète jusqu'à la fin de la guerre pour une question de sécurité nationale. Entre son débarquement et son arrestation, la mission de l'espion Werner von Janowski en sol québécois aura duré moins de 12 heures.

ON SE BATAILLE DANS LE SAINT-LAURENT

DURANT LA DEUXIÈME GUERRE MONDIALE, PLUSIEURS SOUS-MARINS ALLEMANDS PÉNÈTRENT DANS LE FLEUVE. CERTAINS PÊCHEURS RAPPORTENT AVOIR VU EN MAI 1942 UN SOUS-MARIN À LA HAUTEUR DE RIMOUSKI. D'AUTRES RACONTENT UNE ATTAQUE AU LARGE DE GRANDE-VALLÉE. D'AILLEURS, AU COURS DE 1942, UNE VINGTAINE DE BATEAUX SONT COULÉS DANS LE SAINT-LAURENT ET PLUS DE 200 INDIVIDUS Y LAISSENT LEUR VIE.

LE CRIME QUI PAIE

1972

À L'AUTOMNE 1972, LE MUSÉE DES BEAUX-ARTS DE MONTRÉAL S'APPRÊTE À ÊTRE LE THÉÂTRE D'UN DES PLUS GRANDS VOLS D'ŒUVRES D'ART AU QUÉBEC. ON DIT SOUVENT QUE LE CRIME PARFAIT N'EXISTE PAS. MAIS CELUI-CI FRÔLE LA PERFECTION... ET LES SCÉNARIOS DE FILMS D'ACTION !

Dans la nuit du 4 septembre, profitant du système d'alarme en partie désactivé pendant des rénovations, trois cambrioleurs cagoulés et armés de fusils s'introduisent dans le Musée des beaux-arts. Et pas de n'importe quelle façon : ils glissent le long d'une corde par un puits de lumière situé sur le toit. Une fois arrivés dans le musée, ils se dirigent vers la cuisine où se trouve l'un des gardiens de nuit et tirent un coup de feu au plafond pour faire arriver les deux autres. La stratégie fonctionne puisque les trois gardiens sont rapidement ligotés. Les voleurs peuvent ainsi perpétrer leur méfait bien tranquillement.

Ils prennent le temps de rassembler 38 tableaux de grands maîtres en plus de nombreux bijoux victoriens. Tout semble aller comme prévu... jusqu'au moment du départ. Les cambrioleurs semblent avoir prévu de transporter leur butin grâce au camion du musée. Manque de chance pour ceux-ci, le système d'alarme du véhicule se déclenche. Les

SOUS HAUTE SURVEILLANCE

DURANT L'ÉTÉ 1972, DEUX CHAISES SONT INSTALLÉES SUR LE TOIT DE L'IMMEUBLE EN FACE DU MUSÉE. ON CROIT QUE DES EMPLOYÉS DE CET IMMEUBLE LES UTILISENT POUR PRENDRE LEUR PAUSE. CE N'EST QU'APRÈS LE VOL QU'ON COMPREND QUE LES CAMBRIO-LEURS ONT PASSÉ L'ÉTÉ À ÉPIER LE MUSÉE ET À PRÉPARER LEUR MÉFAIT, AU VU ET AU SU DE TOUS!

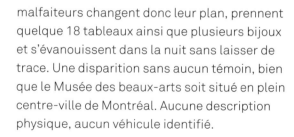

malfaiteurs changent donc leur plan, prennent quelque 18 tableaux ainsi que plusieurs bijoux et s'évanouissent dans la nuit sans laisser de trace. Une disparition sans aucun témoin, bien que le Musée des beaux-arts soit situé en plein centre-ville de Montréal. Aucune description physique, aucun véhicule identifié.

Parmi les œuvres volées, notons entre autres des toiles de Rembrandt, Jan Brueghel l'Ancien, Jean-Baptiste Corot, Jean-François Millet, Gustave Courbet et Pierre Paul Rubens. C'est une perte inestimable pour le musée! Son directeur croit les œuvres perdues à jamais. Alors, quelle n'est pas sa surprise lorsqu'il reçoit un appel de rançon de la part des cambrioleurs! Comme preuve qu'ils sont bien en possession des œuvres d'art, les voleurs indiquent une cabine téléphonique au coin des rues Metcalfe et Sherbrooke. À destination, on découvre une boîte de cigares Old Port... avec un des bijoux victoriens à l'intérieur!

L'espoir renaît, mais on doute encore. Un bijou, c'est bien, mais qu'est-ce qui prouve qu'ils ont les toiles avec eux? Cette fois-ci, les cambrioleurs envoient les gens du musée à la gare Centrale de Montréal. Dans un casier de la consigne, on trouve un des tableaux disparus, celui de Jan Brueghel l'Ancien. Pour la petite histoire, des experts découvrirent plus tard que ce tableau aurait apparemment été peint par un élève du maître et non pas par Brueghel l'Ancien lui-même. Cette découverte enlève significativement de la valeur à la toile

en plus d'indiquer que les voleurs connaissaient probablement bien le monde de l'art et avaient accès à des experts puisqu'ils ont remis la toile ayant le moins de valeur.

Peu importe, on se rapproche du but et l'enquête pourrait enfin débloquer ! Le musée est prêt à organiser la remise de rançon en échange des toiles – et la police, à mettre sur pied le piège qui permettra peut-être l'arrestation des coupables. Ce sont les cambrioleurs qui fixent le rendez-vous. Ils choisissent Longueuil. À l'époque, cette banlieue de Montréal n'est pas encore très développée. Lorsque les policiers vont repérer l'endroit avant le rendez-vous, ils sont pris de court : c'est un immense champ – comme dans « nulle part où se cacher ». Leur présence lors de « l'échange » risque donc de ne pas être très discrète... Comme de fait, le jour du rendez-vous, les voleurs ne se présentent pas. Ils ont sans doute vu le guet-apens des policiers de loin et on perd définitivement leur trace...

Le butin n'a plus jamais été revu et le dossier de la police, lui, reste toujours ouvert. Depuis, les plus folles hypothèses sur l'endroit où se trouveraient les tableaux ont été avancées – ils auraient été enterrés sur le terrain d'un avocat ou cachés dans la coque du bateau d'une riche famille italienne –, mais aucune piste à ce jour n'a permis d'élucider ce vol. Il est souvent cité comme un des vols d'œuvres d'art les plus importants au Canada. On estime, en valeur d'aujourd'hui, le montant de la perte du musée à environ 50 à 70 millions de dollars. Le crime parfait... et probablement très lucratif !

DU VRAI CONTRE DU FAUX

À LA SUITE À CE VOL, LE MUSÉE DES BEAUX-ARTS A REÇU PRÈS DE 2 MILLIONS DE DOLLARS DE LA PART DE SES ASSUREURS. GRÂCE À UNE PARTIE DE CETTE SOMME, L'INSTITUTION A ACHETÉ UNE ŒUVRE DU GRAND PEINTRE PIERRE PAUL RUBENS, *LES LÉOPARDS*. POUR COMBLE DE MALHEUR, QUELQUES ANNÉES APRÈS L'ACHAT, UN EXPERT A DÉTERMINÉ QUE LA TOILE EN QUESTION N'A PAS ÉTÉ PEINTE PAR LE MAÎTRE, MAIS PROBABLEMENT PAR UN DE SES ASSISTANTS. GÂCHIS SUR FIASCO, QUOI !

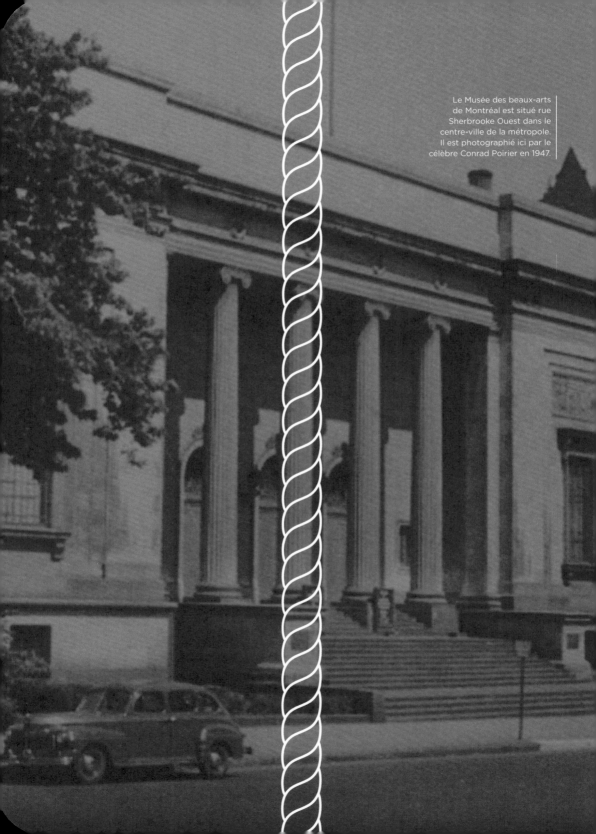

Le Musée des beaux-arts de Montréal est situé rue Sherbrooke Ouest dans le centre-ville de la métropole. Il est photographié ici par le célèbre Conrad Poirier en 1947.

L'ex-détective et historien de l'art Alain Lacoursière.

ALAIN LACOURSIÈRE SUR LA TRACE D'UN COUPABLE... DEPUIS 15 ANS !

ALAIN LACOURSIÈRE, UN ENQUÊTEUR SPÉCIALISÉ DANS LES CRIMES RELATIFS À L'ART ET SURNOMMÉ LE COLUMBO DE L'ART, S'EST TOUJOURS PASSIONNÉ POUR CETTE HISTOIRE. IL A PASSÉ DES HEURES À ÉPLUCHER LES DOCUMENTS ET À TENIR À JOUR LE DOSSIER, BIEN QU'AUCUNE NOUVELLE PISTE N'AIT ÉTÉ CONFIRMÉE DEPUIS QUELQUES ANNÉES. POURTANT, UN SOIR, IL A L'IMPRESSION D'ÊTRE PLUS PROCHE DE LA RÉSOLUTION DE CE CRIME QU'ON NE L'AVAIT JAMAIS ÉTÉ AUPARAVANT. CE SONT LES ANNÉES 2000 ; IL EST APPROCHÉ LORS D'UN VERNISSAGE PAR UN INDIVIDU QUI LE CONNAÎT DE RÉPUTATION. L'HOMME SE MET À LUI PARLER AVEC PASSION DU VOL DU MUSÉE DES BEAUX-ARTS. EN DISCUTANT AVEC LUI, LACOURSIÈRE GLISSE À DESSEIN UN FAIT ERRONÉ. L'HOMME LE REPREND NATURELLEMENT AVEC LA BONNE INFORMATION : UNE INFORMATION QUE SEULS LES GARDIENS DU MUSÉE OU LES VOLEURS POUVAIENT SAVOIR, CELLE-CI N'AYANT JAMAIS ÉTÉ RÉVÉLÉE AUX MÉDIAS. MALHEUREUSEMENT, JUSQU'À CE JOUR, IL N'Y A TOUJOURS PAS ASSEZ DE PREUVES POUR EFFECTUER QUELQUE ARRESTATION QUE CE SOIT...

Nos aïeules, mères indignes ?

1937

LA CRISE ÉCONOMIQUE PROVOQUÉE PAR LE GRAND KRACH BOURSIER DE 1929 FRAPPE DE PLEIN FOUET LE QUÉBEC, COMME LE RESTE DE L'AMÉRIQUE DU NORD. LES PROGRAMMES SOCIAUX N'ÉTANT PAS MONNAIE COURANTE, LES PLUS VULNÉRABLES DE LA SOCIÉTÉ SONT DUREMENT TOUCHÉS. LES FILES D'ATTENTES SONT INFINIES AUX SOUPES POPULAIRES. LES EXPULSIONS DE LOGEMENTS POUR FAUTE DE PAIEMENT DEVIENNENT LÉGION, DES COMMERCES FERMENT POUR AVOIR TROP FAIT CRÉDIT À LEUR CLIENTÈLE SANS LE SOU...

En avril 1937, l'Union nationale de Maurice Duplessis met sur pied une politique réclamée depuis longtemps par le milieu ouvrier : « l'assistance aux mères nécessiteuses », une véritable innovation sociale. Elle permet aux veuves (ou aux femmes mariées dont le mari est interné pour soins psychiatriques) qui ont au moins deux enfants à leur charge de recevoir une aide financière de l'État. Toutefois, ce n'est pas parce qu'on le veut qu'on le peut... On demande aux femmes postulantes d'obtenir

Duplessis remet une généreuse contribution au président de l'Association canadienne des éducateurs de langue française en 1949, devant plusieurs membres du clergé.

CHARITÉ BIEN ORDONNÉE

DURANT LES ANNÉES 1930, LA PLUPART DES ORGANISMES DE CHARITÉ ONT DES LIENS ÉTROITS AVEC L'ÉGLISE. CE QUI CRÉE DES SITUATIONS OÙ L'AIDE EST PARFOIS DISTRIBUÉE DE FAÇON PLUTÔT INTÉRESSÉE. ON RAPPORTE QU'À MONTRÉAL, UN CURÉ REMETTAIT DES BONS DE SECOURS SEULEMENT LE VENDREDI À LA TOUTE FIN DE LA MESSE. IMPOSSIBLE D'EN RECEVOIR À UN AUTRE MOMENT, PEU IMPORTE LA RAISON! LES PAROISSIENS QUI MANQUAIENT L'OFFICE DEVAIENT DONC SE SERRER LA CEINTURE EN ATTENDANT LE VENDREDI SUIVANT.

un certificat de bonne conduite de leur curé, attestant leur habileté à donner de bons soins à leurs enfants et faisant preuve de leurs mœurs exemplaires… Gare à vous, mères indignes !

PEU D'ÉLUES

Mais il n'y a pas que la moralité douteuse pour empêcher l'obtention de cette allocation. Le nombre de conditions à atteindre pour recevoir la prestation est si élevé que peu de candidates y parviennent. Par exemple, les femmes qui ont résidé ailleurs qu'au Québec durant les sept années précédant la demande se voient écartées du programme. Les mères séparées ou divorcées en sont aussi exclues, tout comme celles dont le mari est en prison. On estime que seulement 5000 femmes réussiront à obtenir la maigre prestation annuelle de 400 $ octroyée par ce programme.

Il faut attendre plusieurs années pour que ces contraintes disparaissent – plus précisément jusqu'en 1970, alors que la loi sur l'aide sociale entre en vigueur. Dorénavant, recevoir de l'aide gouvernementale en cas de nécessité devient un droit fondamental pour tous les citoyens, peu importe les raisons qui ont plongé l'individu dans le besoin. Cette loi met un terme aux exigeants critères qui définissaient la « mère nécessiteuse », mais aussi à la dictature des certificats ecclésiastiques qui attribuaient l'aide au mérite selon des standards quelque peu subjectifs !

LA CRISE EN TAUX DE CHÔMAGE

EN DÉCEMBRE 1928, MOINS DE 1 % DE LA MAIN-D'ŒUVRE SYNDIQUÉE EST AU CHÔMAGE. QUATRE ANS PLUS TARD, SOIT EN DÉCEMBRE 1932, IL Y A PRÈS DE 31 % DE CHÔMEURS.

ÉCOLE BUISSONNIÈRE

PENDANT LA CRISE, IL N'Y A PAS QUE LES TRAVAILLEURS QUI SE RETROUVENT SANS OCCUPATION. EN SEPTEMBRE 1932, ON ESTIME À ENVIRON 200 LE NOMBRE D'ÉCOLES RURALES QUI NE PEUVENT OUVRIR LEURS PORTES, FAUTE DE MOYENS, PRIVANT DU MÊME COUP PRÈS DE 7000 ÉLÈVES D'ENSEIGNEMENT. IL EST INTÉRESSANT DE SOULIGNER QUE, COMME POUR L'AIDE AUX MÈRES NÉCESSITEUSES, PLUSIEURS ÉTABLISSEMENTS SCOLAIRES DEMANDAIENT AUX PROFESSEURS DE JOINDRE À LEUR CANDIDATURE UNE LETTRE SIGNÉE DE LEUR CURÉ. CETTE DÉMARCHE QU'ON POURRAIT QUALIFIER DE « CERTIFICATION DE LA BONNE MORALITÉ » PERDURE JUSQU'AU DÉBUT DES ANNÉES 1960 !

TOUT FEU TOUT FLAMME

1976

MONTRÉAL, 1976. LA VILLE EST L'HÔTESSE DES JEUX OLYMPIQUES D'ÉTÉ. NOUS SOMMES AU CŒUR DES ANNÉES 1970 : ON ENVOIE DES SONDES SPATIALES SUR MARS, ON MET AU MONDE LE PREMIER BÉBÉ-ÉPROUVETTE, L'IMPRIMANTE AU LASER VIENT D'ÊTRE INVENTÉE... LE MONDE EST SANS CONTREDIT EN PLEINE EFFERVESCENCE TECHNOLOGIQUE. ALORS POURQUOI NE PAS MODERNISER UNE VIEILLE TRADITION OLYMPIQUE ?

Justement, un obstacle de taille attend les organisateurs du relais du flambeau olympique : la flamme doit voyager de la ville d'Athènes, en Grèce, jusqu'à Montréal. Mais Montréal, c'est de l'autre côté de l'Atlantique... Révolution technologique oblige, on trouve une solution innovatrice – jamais tentée auparavant – qui permet de respecter la longue tradition olympienne, tout en jetant un peu de poudre aux yeux du monde entier : l'ionisation de la flamme !

Le chemin avant-gardiste de la flamme des Jeux olympiques de Montréal commence en juillet 1976, là où toutes les flammes olympiques naissent : à Olympe, en Grèce. À son départ de la ville mère, elle est relayée par des coureurs jusqu'à Athènes où l'attendent en grande pompe

Les Jeux olympiques de Montréal sont officiellement ouverts ! On vient tout juste d'enflammer la vasque qui fera briller la flamme olympique pendant les 2 semaines que dureront les Jeux.

La torche des Jeux olympiques de Montréal qui servit au relais de la flamme d'Ottawa à Montréal. Malheureusement, le réservoir d'huile combustible n'était pas étanche et certains coureurs s'y sont brûlé les mains.

une foule de personnalités grecques ainsi que plusieurs représentants du Canada pour une cérémonie protocolaire célébrant son grand départ transatlantique. À la suite du discours, la flamme est présentée à un capteur capable de détecter les particules ionisées de la flamme. Celles-ci sont ensuite transformées en impulsions codées, puis envoyées par ondes jusqu'à un satellite qui redirige le signal vers Ottawa. Directement arrivé de la stratosphère, ce dernier est ensuite capté par un récepteur placé sur la colline parlementaire qui actionne un rayon laser en direction du flambeau canadien.

C'est donc ce rayon qui rend à la flamme olympique sa forme originelle sous les yeux médusés de plusieurs invités de marque, dont le premier ministre fédéral de l'époque, Pierre Elliott Trudeau.

En ce 15 juillet, quelques minutes après le départ de la flamme de l'Europe et son arrivée spectaculaire au Canada, le coup d'envoi du relais de main à main du flambeau olympique – comptant près de 1200 coureurs d'Ottawa jusqu'à Montréal – est donné.

Deux jours plus tard, devant la reine d'Angleterre Elizabeth II (à Montréal pour l'occasion), 70 000 personnes entassées dans le stade et près d'un demi-milliard de téléspectateurs rivés à leur écran, on enflamme la torche des jeux de Montréal symbolisant ainsi l'ouverture des 21es Jeux olympiques de l'ère moderne.

QUAND LA PLUS HAUTE MARCHE DU PODIUM EST TROP HAUTE

MONTRÉAL A BEAU ÊTRE LA VILLE HÔTESSE DES OLYMPIQUES, CE N'EST PAS UNE RAISON VALABLE POUR QUE LES AUTRES PAYS LAISSENT UNE CHANCE AUX ATHLÈTES CANADIENS DE GAGNER ! ON PEUT MÊME DIRE QUE LE CANADA A FAIT UNE DE SES PIRES PERFORMANCES DE SON HISTOIRE OLYMPIQUE À MONTRÉAL, EN NE REMPORTANT AUCUNE MÉDAILLE D'OR LORS DE SES PROPRES JEUX.

0
MÉDAILLE D'OR

5
MÉDAILLES D'ARGENT

6
MÉDAILLES DE BRONZE

11
TOTAL DE MÉDAILLES POUR LE CANADA. BIEN LOIN DERRIÈRE LA POLOGNE, CUBA ET LA BULGARIE.

Le maire Jean Drapeau agite le drapeau des Olympiques lors de l'ouverture des Jeux de 1976. Ayant travaillé d'arrache-pied pour permettre la tenue de ces Jeux à Montréal, il reçoit une ovation de plus de 5 minutes lors de cette cérémonie.

Paul Houde, dévoué quatrième porteur de la flamme olympique de 1976, est immortalisé à Hull par le quotidien *Le Droit*.

PAUL HOUDE A LA FLAMME !

EN JUILLET 1976, PAUL HOUDE – ANIMATEUR DE RADIO ET DE TÉLÉVISION – NE PEUT ÊTRE DAVANTAGE AUX PREMIÈRES LOGES DES ÉVÉNEMENTS : IL EST LE QUATRIÈME PORTEUR DE LA FLAMME OLYMPIQUE LORS DU RELAIS OTTAWA-MONTRÉAL. LORSQU'IL PREND POSSESSION DU FLAMBEAU À HULL, LE KILOMÈTRE QU'IL DOIT COURIR LUI EN PARAÎT PLUTÔT DEUX ET DEMI PUISQUE LE SEGMENT QUI LUI A ÉTÉ CONFIÉ EST EN PENTE... ASCENDANTE.

Mais l'histoire de la flamme olympique de Montréal ne s'arrête pas là : elle s'est éteinte en plein Jeux ! Le 22 juillet, le ciel s'assombrit subitement, un violent orage éclate... et la flamme disparaît dans un coup de vent. Dans le stade, la foule lance un long « ooohhh » collectif. On raconte qu'en catastrophe, un employé du stade bravant l'intempérie rallume la flamme à l'aide d'un vulgaire briquet jetable. Oups... Ce n'est pas du tout ce que le protocole olympique exige ! On doit alors éteindre la flamme pour la rallumer en utilisant, cette fois, la flamme de secours réglementaire conservée au stade. C'est ce qui s'appelle... avoir le feu sacré !

ÉPÉE DE DAMOCLÈS

C'EST À MONTRÉAL QUE L'ESCRIMEUR SOVIÉTIQUE BORIS ONISHCHENKO, UN DES GRANDS FAVORIS DE CETTE DISCIPLINE, PERD SA RÉPUTATION EN MÊME TEMPS QUE L'OCCASION DE GAGNER UNE MÉDAILLE. ONISHCHENKO S'EST PRÉSENTÉ À LA COMPÉTITION AVEC UNE ÉPÉE TRUQUÉE!

LORS DES MATCHS D'ESCRIME, LES POINTS SONT COMPTABILISÉS PAR UN SYSTÈME QUI ENVOIE UN SIGNAL ET ALLUME UNE AMPOULE LORSQUE LE BOUT DE L'ÉPÉE TOUCHE L'ADVERSAIRE. JUSTE AVANT LA COMPÉTITION, ONISHCHENKO CACHE UN DÉCLENCHEUR MANUEL DE CE SIGNAL DANS LA POIGNÉE DE SON ARME LUI PERMETTANT DE FAIRE CROIRE À UNE TOUCHE MÊME S'IL N'ATTEINT PAS SON ADVERSAIRE. SON STRATAGÈME EST VITE DÉCOUVERT. DURANT LA PARTIE, SON ADVERSAIRE CONSTATE QUE SES COUPS SONT PLUTÔT ÉTRANGES ET S'EN PLAINT AUX OFFICIELS. LA SUPERCHERIE EST DÉCOUVERTE ET TOUT LE MONDE EST SIDÉRÉ. ON NE COMPREND PAS POURQUOI UN ESCRIMEUR DE SI HAUT CALIBRE A SENTI LE BESOIN DE TRICHER. POURTANT PROMISE À UN GRAND AVENIR, LA CARRIÈRE DE ONISHCHENKO NE S'EST JAMAIS REMISE DE LA FRAUDE DE MONTRÉAL.

DES VALISES EST-ALLEMANDES DANS LE FLEUVE

ON RACONTE QUE LES ALLEMANDS DE L'EST AVAIENT UN BATEAU SUR LE FLEUVE POUR QUE LEURS ATHLÈTES PUISSENT ALLER «S'ISOLER» ET SE CONCENTRER AVANT LES COMPÉTITIONS. LA VÉRITABLE VOCATION DU BATEAU EST DÉCOUVERTE QUAND DES VALISES MAL FERMÉES TOMBENT MALENCONTREUSEMENT DU BATEAU, LAISSANT FLOTTER PLUSIEURS SERINGUES AUTOUR DE CELUI-CI. ON VIENT DE COMMENCER LES PREMIÈRES SANCTIONS CONTRE LE DOPAGE DANS LE MONDE DU SPORT. LES ALLEMANDS DE L'EST, CRAIGNANT D'ATTIRER L'ATTENTION SUR LEURS ACTIVITÉS ILLICITES PENDANT LES OLYMPIQUES, AVAIENT IMAGINÉ CE STRATAGÈME... QUI A FINI PAR LES TRAHIR.

Saint-Robert

UN
OVNI
À
SAINT-ROBERT?
1994

Massuey

LE CIEL DE SAINT-ROBERT EST DÉGAGÉ EN CETTE SOIRÉE DU 14 JUIN 1994 ET LES GENS PROFITENT DU BEAU TEMPS POUR SE PROMENER. TOUT À COUP, VERS 20 HEURES, LE FIRMAMENT S'ÉCLAIRE, TRAVERSÉ PAR UNE LONGUE TRACE DE LUMIÈRE. PUIS, AUSSI SOUDAINEMENT QU'ELLE EST SURVENUE, CETTE LUMIÈRE DISPARAÎT LAISSANT LES PASSANTS SURPRIS. UNE MINUTE PLUS TARD, UN « BANG » FULGURANT SE FAIT ENTENDRE... EST-CE UN OVNI ? UN DÉBARQUEMENT D'EXTRATERRESTRES ? LE CIEL QUI NOUS TOMBE SUR LA TÊTE ?

Presque au même moment, dans une ferme de la région, un jeune homme remarque que ses vaches présentent un comportement inhabituel : elles regardent toutes dans la même direction. Mais qu'est-ce qui peut bien attirer l'attention de tout son troupeau ? C'est guidé par celui-ci qu'il découvre dans son champ une pierre brûlée de la grosseur d'un pamplemousse. De prime abord, découvrir une roche n'est pas un événement extraordinaire, mais lorsque celle-ci provient directement du cosmos, c'est une autre histoire. Car l'objet en

Carte de Saint-Robert. La zone encerclée est celle où les fragments de la météorite sont tombés du ciel.

question n'est pas une roche mais bien une météorite ! Scientifiques, journalistes et curieux affluent dans la petite municipalité. La chasse aux fragments de l'espace est lancée. Il faut dire qu'il n'y a pas eu de chute de météorite au Canada depuis les 25 dernières années. Dans les jours qui suivent, une vingtaine de fragments de cette météorite sont trouvés dans les champs voisins. Le poids total de tous les fragments réunis est d'environ 25 kg. On estime que la météorite de Saint-Robert devait probablement avoir la taille d'une voiture avant d'entrer dans l'atmosphère. C'est la chaleur et la friction qui, lors de sa tombée, ont significativement réduit sa taille.

Chaque année, il y a environ six chutes de météorites répertoriées partout dans le monde. « Répertoriées » est le terme exact, car on peut soupçonner que ce nombre est plus élevé. Il est difficile de comptabiliser des événements lorsqu'il n'y a pas de témoin pour les raconter : une météorite qui tombe dans l'océan ni vue ni connue restera ignorée à jamais. Ce qui rend la météorite de Saint-Robert particulière, c'est qu'elle est la première à être répertoriée au Québec – et à ce jour, la seule.

OÙ EST SAINT-ROBERT ?

SAINT-ROBERT SE SITUE SUR LA RIVE SUD DU FLEUVE SAINT-LAURENT, EN MONTÉRÉGIE. LE SLOGAN DE LA MUNICIPALITÉ EST DE CIRCONSTANCE : « LÀ OÙ LA VIE PREND SON ENVOL ! »

C'EST À MOI !

SELON LA JURISPRUDENCE CANADIENNE, C'EST AU PROPRIÉTAIRE DU TERRAIN SUR LEQUEL LA MÉTÉORITE TOMBE QUE REVIENT LA PROPRIÉTÉ DE CELLE-CI.

La météorite de Saint-Robert n'a pas été retrouvée en une seule pièce : ce sont plutôt plusieurs petits fragments qui sont tombés au sol.. Les chercheurs de météorites doivent être alertes !

PETIT GUIDE PRATIQUE

La chute de la météorite de Saint-Robert a une place spéciale dans l'histoire scientifique grâce au temps particulièrement court qui s'est écoulé entre la tombée des fragments et leur analyse : on a ainsi pu découvrir une foule d'informations sur ceux-ci.

Alors, si en sortant de la maison vous découvrez une météorite, voici les gestes à poser pour en éviter la contamination terrestre :

1 ÉVITEZ DE LA PRENDRE AVEC VOS MAINS. TOUTEFOIS, SI VOUS DEVEZ Y TOUCHER POUR LA RÉCUPÉRER, FAITES EN SORTE QUE LA MÉTÉORITE N'ENTRE PAS EN CONTACT AVEC DES OBJETS MÉTALLIQUES COMME DES BAGUES OU DES BRACELETS. CELA POURRAIT ENDOMMAGER SA SURFACE ET Y LAISSER DES DÉPÔTS DE MÉTAUX QUI FAUSSERAIENT LES RÉSULTATS D'ANALYSE.

2 CONSERVEZ-LA AU CONGÉLATEUR DANS UN SAC DE PLASTIQUE FERMÉ POUR STOPPER LA CONTAMINATION.

3 NOTEZ L'ENDROIT EXACT OÙ VOUS L'AVEZ TROUVÉE ET COMMUNIQUEZ AVEC UNE AUTORITÉ COMPÉTENTE COMME UN MUSÉE DES SCIENCES NATURELLES OU LE PLANÉTARIUM.

LE MARCHÉ DE LA MÉTÉORITE

Vous voulez transformer votre météorite en or ? Sachez que lorsqu'on veut vendre une météorite tombée en sol canadien, on doit tout d'abord la proposer en priorité aux acheteurs canadiens. Si elle ne trouve pas preneur parmi ceux-ci après un certain délai, vous pouvez alors procéder à une vente internationale. Mais ne vend pas qui veut ! Vous devez d'abord obtenir un permis d'exportation de Patrimoine Canada. Selon le type de météorites et le contexte entourant sa chute, la demande peut être refusée. Comme les météorites qui sont tombés au Canada sont plutôt rares, le gouvernement favorise la conservation de ces biens culturels ici.

Les météorites se vendent au poids. Leur valeur en argent dépend du type de météorite et de leur provenance. Par exemple, un fragment de météorite provenant de Mars est actuellement très bien coté sur le marché. Cependant, comme dans toute chose, les goûts changent au fil des années et ce qui est prisé aujourd'hui risque de ne pas l'être demain.

Si vous décidez de donner votre météorite à un musée canadien, en plus de collaborer à la culture collective, vous recevrez un reçu aux fins d'impôts, selon la valeur établie !

1967

VIVE LE QUÉBEC... LIBRE !

C'EST UNE BELLE SOIRÉE D'ÉTÉ À MONTRÉAL EN CE 24 JUILLET 1967. LE GÉNÉRAL DE GAULLE, EN VISITE AU QUÉBEC, SE REND À L'HÔTEL DE VILLE DE MONTRÉAL POUR ASSISTER À UNE RÉCEPTION DONNÉE EN SON HONNEUR PAR LE MAIRE DE MONTRÉAL, JEAN DRAPEAU. APRÈS AVOIR ÉTÉ ACCUEILLI PAR LE MAIRE ET SA FEMME, DE GAULLE EST CONDUIT À L'INTÉRIEUR DE L'HÔTEL DE VILLE POUR LA RÉCEPTION.

En chemin, il aperçoit une porte menant à un balcon : par celle-ci, on entend la clameur des gens entassés à l'extérieur, chantant à tue-tête : « On veut de Gaulle ! » Le général s'arrête inopinément, puis fait quelques pas sur le balcon de l'hôtel de ville pour saluer la foule. Les minutes qui suivent ont fait le tour du monde.

Si ce moment a marqué les mémoires, c'est en raison des quatre mots que de Gaulle a prononcés en conclusion : « Vive le Québec… liiibre ! » Mais que s'est-il passé en coulisse tout juste avant ce discours ? Le général avait-il prévu lancer ces quatre petits mots ?

C'est à l'hiver précédent que le gouvernement canadien invite le général Charles de Gaulle, président de la République française, à se rendre à Ottawa pour souligner le centenaire de la Constitution canadienne. Le général hésite à accepter cette invitation, car selon

De Gaulle s'accroche au micro du balcon de l'hôtel de ville de Montréal.

LAISSER SA TRACE

LE GÉNÉRAL DE GAULLE VISITE PLUSIEURS FOIS LE QUÉBEC DURANT SA VIE. CE N'EST PAS SEULEMENT LE DISCOURS DU BALCON DE L'HÔTEL DE VILLE QUI RESTE DANS LES ANNALES : IL A LAISSÉ AUSSI SA TRACE DANS LA TOPONYMIE DU QUÉBEC.

NOMMÉS EN L'HONNEUR DU GÉNÉRAL DE GAULLE, ON DÉNOMBRE AU QUÉBEC :

13 VOIES DE CIRCULATION

(RUES, AVENUE, BOULEVARDS, ETC.)

2 LACS

2 PARCS

1 PONT

(CELUI RELIANT TERREBONNE À MONTRÉAL QUE LE GÉNÉRAL A EMPRUNTÉ EN 1967.)

En ce 24 juillet 1967, des milliers de personnes attendent le général qui arrive avec un léger retard à l'hôtel de ville de Montréal.

lui, ses ancêtres français ont laissé tomber les Québécois en perdant la guerre au profit des Anglais, faute de moyens. Du côté du Québec, Daniel Johnson (père), le premier ministre du Québec de l'époque, invite lui aussi le général, mais cette fois-ci, pour visiter l'Exposition universelle qui se tient à Montréal cette année-là.

Après réflexion, de Gaulle finit par accepter, mais pose ses conditions : bien que l'usage veuille que les visites officielles commencent par Ottawa, il arrivera à Québec pour se rendre ensuite à Montréal, en gardant sa visite à Ottawa pour la fin.

C'est donc en juillet 1967 que le général de Gaulle débarque à Québec pour le début de sa visite officielle. Après un court séjour dans la capitale, il se rend en convoi automobile à Montréal, accompagné de Daniel Johnson, et emprunte le Chemin du Roy (maintenant en grande partie la route 138). Tout au long du chemin qui longe le Saint-Laurent, des centaines de milliers de personnes se sont massées pour accueillir le général. Les gens scandent «Vive la France, vive de Gaulle, vive le Québec !» en agitant des drapeaux fleurdelisés et tricolores. Les maisons sont décorées, des fleurs de lys sont peintes sur la chaussée. L'ambiance est électrique. De Gaulle prononce, chemin faisant, six allocutions où le thème d'un Québec maître de lui-même est abordé. Chacune d'entre elles est proclamée devant une foule exaltée, augmentant ainsi l'enthousiasme du général au fil du chemin. Tellement que Johnson aurait dit à l'heure du midi : « Si cela continue comme ça, (arrivés) à

De Gaulle et le maire Drapeau.
Avant ou après le discours ?

Montréal on sera séparé. » C'est donc dans ces circonstances, et gonflé à bloc, que le général atteint la métropole.

Le soir du 24 juillet, Jean Drapeau, maire de Montréal, reçoit l'homme politique français à l'hôtel de ville. Au programme, signature du livre d'or de la ville, réception en présence de plusieurs convives, mais aucune allocution à la foule n'est prévue.

Comment le général a-t-il pu se retrouver sur le balcon de l'hôtel de ville à proclamer son discours ? De nombreuses sources rapportent qu'il y avait un micro placé sur le balcon, alors qu'il n'aurait pas dû y être. Le maire Drapeau, lors des préparatifs en vue de la visite du général, aurait aperçu un technicien brancher un micro sur le balcon. Il lui aurait mentionné qu'aucun discours n'était prévu : le micro fut débranché mais on l'aurait laissé en place.

Quelques minutes avant le fameux discours,
lorsque de Gaulle aperçoit le balcon et décide
de s'y rendre, le chef du protocole français,
Bernard Durand, pense que le général emprunte
le mauvais chemin à cause de sa myopie et tente
de le rediriger vers la réception où il est attendu.
Mais de Gaulle insiste : il tient à parler à la foule.
Ils sont plus de 10 000 mille personnes devant
l'hôtel de ville, venues spécifiquement pour le
voir. Les représentants de la Ville, probablement
inquiets par la propension du général aux
discours trop enthousiastes, prétendent que
le micro ne fonctionne pas. Dans l'agitation, un
technicien propose de le rebrancher et le général
saute sur l'occasion.

De Gaulle voyage en voiture
décapotable de Québec à
Montréal, devant une foule
enthousiaste.

C'est donc sous les acclamations d'une foule en
délire que de Gaulle conclut son célèbre discours
par :

« VIVE MONTRÉAL !

VIVE LE QUÉBEC !

VIVE LE QUÉBEC... LIIIBRE !

VIVE LE CANADA FRANÇAIS

ET VIVE LA FRANCE ! »

Vous comprendrez que de Gaulle ne s'est
finalement pas rendu à Ottawa où il devait
conclure son voyage. Le premier ministre
Lester B. Pearson déclara les propos du général
« inacceptables » et cela fit la une des journaux.
Le général rentra directement en France deux
jours après avoir lancé cette bombe politique.

Le général dit au revoir au Québec après un séjour bref mais mouvementé.

De ce discours est née une des plus grandes crises
franco-canadiennes de l'histoire, le gouvernement
fédéral accusant de Gaulle de s'immiscer dans
la politique interne du pays. Il faudra attendre
la démission du général en 1969 pour que les
relations franco-canadiennes commencent à
s'améliorer.

On ne sut jamais si le général avait ou non préparé
son discours avant son arrivée à l'hôtel de ville.
Cependant, plusieurs laissent entendre que ce
n'était pas le fruit du hasard. Le général aurait
dit avant son arrivée au Québec : «Je compte
frapper un grand coup. Ça bardera, mais il le faut.
C'est la dernière occasion de réparer la lâcheté
de la France». Lors de son retour en France, le
général confie qu'il a fait gagner 10 ans au Québec.
René Lévesque, lui, dira : « Sans ces quatre mots
explosifs, il aurait fallu des années d'efforts à trois
grandes agences de publicité de Madison Avenue
pour inscrire le mot *Québec* dans le vocabulaire
international. »

Au-delà des clans politiques divergents, tous
s'entendent pour dire que cette déclaration a
réussi à faire connaître la situation du Québec
partout dans le monde, alors qu'elle était
complètement méconnue hors du Canada. Peu
importe si ce discours a été prémédité ou pas, une
chose est certaine : par cette belle soirée d'été, les
quatre mots du général furent un coup de tonnerre
qui retentit longtemps dans l'histoire du Québec.

UNE GRAVE ERREUR DE CALCUL

1907

PARFOIS, UNE TOUTE PETITE ERREUR
PEUT CRÉER UN GRAND DÉSASTRE. LA VILLE
DE QUÉBEC L'AURA APPRIS À SES DÉPENS,
DEUX FOIS PLUTÔT QU'UNE.

À l'automne 1900, le premier coup de pelle du chantier du pont de Québec est donné. Enfin, la ville sera reliée à la rive sud du fleuve autrement que par bateau. C'est un projet qu'on espère depuis plusieurs années afin de donner un nouveau souffle économique à la région. Pour la prise en charge du projet, on fait appel à une sommité dans la construction de ponts ferroviaires : l'ingénieur américain Theodore Cooper. Les plans du pont sont ambitieux et la construction est risquée. Mais ces considérations ne découragent pas Cooper. Il a même apporté plusieurs changements aux plans, dont la longueur prévue du pont : le pont de Québec sera le plus long pont cantilever* au monde ! Ce projet est un véritable exploit d'ingénierie. Pour Cooper, il s'agit de son chef-d'œuvre avant de prendre sa retraite.

Le chantier avance à bon train et la structure commence à prendre forme. Durant les trois premières années du projet, Cooper surveille activement l'avancée des travaux. Puis, des ennuis de santé l'obligent à rester à New York. Il engage donc un jeune ingénieur (inexpérimenté) qui, en étant ses yeux et ses oreilles sur le terrain, lui fera des comptes rendus du chantier. Bien qu'absent de Québec, Cooper demeure l'autorité du projet.

Le pont de Québec (ici en 1917) est nommé en 1987 Monument historique international du génie civil par la Société canadienne de génie civil et par l'American Society of Civil Engineers.

*On appelle aussi ce type de construction pont à poutres en porte-à-faux. Il doit son nom aux poutres qui constituent la forme si particulière de son tablier.

POUR SE SOUVENIR

LES AUTOCHTONES ONT TRA-VAILLÉ EN GRAND NOMBRE SUR LE CHANTIER DU PONT DE QUÉBEC ET MALHEUREU-SEMENT, PLUSIEURS Y SONT DÉCÉDÉS. UNE MAJORITÉ ÉTAIT DES MOHAWKS DE LA RÉSERVE KAHNAWAKE. EN HOMMAGE AUX 33 MORTS DU DRAME DE 1907, DEUX IMMENSES CROIX FABRIQUÉES AVEC DE L'ACIER UTILISÉ DANS LA CONSTRUC-TION DU PONT ONT ÉTÉ PLAN-TÉES DANS LE CIMETIÈRE ET LE VILLAGE DE KAHNAWAKE.

Lorsque certains de ses collaborateurs lui font part de leurs inquiétudes par rapport aux anomalies qu'ils croient avoir décelées tant dans les plans que sur le chantier, Cooper fait la sourde oreille. En février 1906, on lui transmet un rapport qui indique que le poids total des pièces métalliques de la structure dépasse largement ce qui avait été prévu. Cooper juge que la différence est quand même acceptable et que les travaux peuvent continuer. Mais un an plus tard, des signes inquiétants surgissent. Certaines pièces de la structure du pont présentent des déformations. Serait-ce dû au poids supplémentaire ? On cherche… Des employés de la compagnie de construction avancent que les pièces de métal utilisées auraient déjà présenté ces anomalies avant d'être installées. Cooper, qui n'est pas sur place, accepte l'hypothèse.

Vers la fin de l'été 1907, la situation s'aggrave : les déformations s'accentuent. Certains considèrent qu'on doit suspendre les travaux, d'autres croient que cela ne sera pas nécessaire. Le 29 août, vers midi, Cooper prend connaissance de la situation, qui est plutôt inquiétante. Impossible de nier plus longtemps les problèmes. Il envoie sur-le-champ un télégramme au siège social de la compagnie de construction à Phoenixville aux États-Unis : « N'ajoutez de charge supplémentaire au pont qu'après avoir considéré tous les détails de la manière la plus minutieuse. » En même temps que le message est reçu, de nouvelles informations – plutôt confuses – provenant du chantier arrivent et mêlent les cartes. Les employés de Phoenixville attendent donc avant d'avertir le chantier de Québec.

L'effondrement du
pont en 1907.

Il reste moins de 30 minutes avant la fermeture du chantier pour la journée. Un dernier petit coup et à 18h, les travailleurs pourront enfin rejoindre leur famille... Mais à 17h37, un bruit terrible se fait entendre. Une partie de la structure s'effondre, emportant dans sa chute la centaine de travailleurs qui s'y affairaient. Tout se passe en une quinzaine de secondes seulement. L'impact est si violent que le sol de la berge en tremble jusqu'à Lévis. Alertés, des citoyens accourent vers le chantier pour aider les survivants. Ils découvrent, stupéfaits, une épouvantable scène de désolation. Plusieurs travailleurs sont morts sur le coup, mais d'autres sont encore vivants,

SANS FAIRE D'HISTOIRE

prisonniers des morceaux d'aciers tordus. Pour la plupart, il est impossible de les libérer, tellement les montants d'acier sont lourds. Ces travailleurs meurent noyés quand la marée monte quelques heures plus tard... En tout, 76 travailleurs y laissent leur vie.

La commission royale qui enquête sur les évènements conclut à une faute professionnelle – une grave erreur de calcul. Selon elle, l'effondrement a été causé par le poids de la structure d'acier qui a été sous-estimé. De plus, il est prouvé que les matériaux utilisés n'étaient pas défaillants à l'origine et que les déformations observées dans la structure avant son effondrement ont bel et bien été causées par le poids excessif du métal.

Le manque de jugement des autorités du chantier, principalement de M. Cooper, est mis en cause. La population est furieuse. En plus d'avoir enlevé la vie à 76 travailleurs, l'effondrement a détruit les sept années de travail qu'ils y avaient investies. Il faut donc tout recommencer. Le chantier reprend en 1908. On garde le même type de pont, mais les plans sont fortement modifiés et l'ingénieur en chef est remplacé. Il va sans dire que, cette fois-ci, les travaux sont surveillés de près.

En 1916, il ne reste que l'étape cruciale d'assembler le tablier central du pont avec le reste de la structure déjà en place pour achever les travaux. Cette portion centrale de la structure a été construite sur la rive et doit être apportée par bateau jusqu'au pont, où elle sera soulevée pour être fixée au reste de la structure. L'entreprise est considérée si périlleuse que les employés du chantier négocient leur salaire à la hausse pour cette journée.

AVOIR UN JUGEMENT D'ACIER

UNE CROYANCE VOULANT QUE LES JONCS REMIS AUX INGÉNIEURS FRAÎCHEMENT GRADUÉS SOIENT FABRIQUÉS À PARTIR DE L'ACIER DU PONT DE QUÉBEC CIRCULE LARGEMENT. ON DIT QUE CETTE BAGUE AU PETIT DOIGT DES INGÉNIEURS RAPPELLE QU'UNE MINUSCULE ERREUR DE CALCUL PEUT ENTRAÎNER DE GRANDES DÉVASTATIONS HUMAINES. LÉGENDE URBAINE ? EN TOUT CAS, C'EST FAUX POUR LES BAGUES FABRIQUÉES DE NOS JOURS. PAR CONTRE, COMME LE RAPPORTE L'AUTEUR MICHEL L'HÉBREUX, CERTAINS CROIENT QU'IL EST FORT PROBABLE QUE CELA SE SOIT PRODUIT DANS LES ANNÉES SUIVANT LE DÉSASTRE. CEPENDANT, RIEN NI AUCUNE PREUVE NE PERMET DE L'AFFIRMER HORS DE TOUT DOUTE. VRAI, PAS VRAI, LE MYTHE A LA VIE DURE.

Le 11 septembre, c'est le grand jour. Une foule de curieux de partout au pays, et même des États-Unis, arrive pour assister à cet exploit technique peu commun. Tout se passe comme prévu et le tablier est transporté de la rive à la structure sans anicroche. À l'aide de câbles fixés aux deux bras de la poutre cantilever, on commence l'ascension vers la structure. Soudainement, l'impensable arrive : une des quatre pièces d'appui fixées aux poutres de levage se brise et entraîne dans un énorme fracas la chute du tablier central. La foule retient son souffle, puis des cris de stupeur jaillissent : des employés sont tombés avec le tablier, emportés dans le fleuve ! Ce second accident fait 13 morts et plusieurs blessés.

La population est horrifiée. Certains clament que le projet est une pure utopie et qu'on devrait l'abandonner. Pourtant, l'accident n'a aucun lien

AVANT

APRÈS

avec le précédent et, bien que le tablier central soit rendu au fond du fleuve, le reste de la structure n'est pas abîmé sévèrement. On reprend dès lors la construction d'un nouveau tablier central.

Le pont est finalement achevé le 20 septembre 1917, lorsqu'on pose le second tablier central devant une foule encore plus nombreuse que la première fois. Environ 100 000 personnes enthousiastes se sont déplacées pour assister à la conclusion de ce grand chantier de construction. On rapporte aussi quelques curieux venus voir si le pont allait encore s'effondrer... Heureusement, le tout a été complété avec succès – 17 ans, et plusieurs dépassements de coûts, après le début du chantier.

Si vous allez sur la rive près du pont de Québec, soyez attentif : il arrive qu'on y voie certains morceaux de ferraille charriés par la marée.

Le soulèvement du tablier central va bon train... quelques minutes avant la catastrophe.

Le second effondrement du pont en 1916.

LE BOUILLANT SYNDICALISTE ET GRAND ORATEUR MICHEL CHARTRAND A BEAUCOUP FAIT PARLER DE LUI, DU DÉBUT DE SA CARRIÈRE DE MILITANT JUSQU'À SON DÉCÈS. IL AURAIT PU EN ÊTRE TOUT AUTREMENT, ET JAMAIS PERSONNE N'AURAIT SOURCILLÉ À LA SEULE PRONONCIATION DE SON NOM. EN EFFET, LE VIF MICHEL CHARTRAND CARESSAIT UN RÊVE PLUTÔT ÉTONNANT DEPUIS QU'IL ÉTAIT ENFANT : ÊTRE MOINE. ET C'EST EN 1933 QU'IL CONCRÉTISE SON ASPIRATION À L'ABBAYE NOTRE-DAME-DU-LAC, MIEUX CONNUE SOUS LE NOM DE LA TRAPPE D'OKA.

Nous sommes bien avant le début de sa vie publique. Le jeune Michel Chartrand, 16 ans, sent qu'il a la vocation et convainc son père de le laisser entrer au monastère. Il prend alors le nom de frère Marcellin. La vie est stricte à l'abbaye, mais la plus grande épreuve pour Chartrand est le silence qu'il doit conserver de jour comme de nuit. Aucune parole n'est permise. Pour un homme volubile comme Michel Chartrand, c'est une expérience ardue. Tellement, qu'on dit qu'il se mit à dépérir et que les responsables de l'abbaye doivent contacter ses parents pour qu'ils viennent le chercher.

ARITÉ DE CLASSE

S 1976

CONSE

ES SYNDIC

E MO

Michel Chartrand, cet orateur passionné, en plein discours.

L'IVRESSE DU FRUIT DÉFENDU

DANS SA BIOGRAPHIE DU SYNDICALISTE, L'AUTEUR FERNAND FOISY RACONTE QUE MICHEL CHARTRAND A PRIS SA PREMIÈRE CUITE LORS D'UNE DE SES TÂCHES AU MONASTÈRE. AFFECTÉ À L'EMBOUTEILLAGE DU CIDRE FAIT À L'ABBAYE, IL SE SERAIT PERMIS AVEC UN COMPARSE DE « TESTER LA MARCHANDISE » PENDANT L'UN DE SES QUARTS DE TRAVAIL. IL SEMBLE QUE LES DEUX AMIS NE SE SOIENT JAMAIS FAIT PINCER, MALGRÉ UN LENDEMAIN DE VEILLE UN PEU DIFFICILE !

Michel Chartrand quitte donc les moines cisterciens d'Oka après deux années. Coup de théâtre du destin, il passera une grande partie de sa vie à défendre les opprimés et les oubliés à coup de discours, d'allocutions et de textes, devenant ainsi une grande figure du syndicalisme québécois. Homme passionné, il épouse l'écrivaine engagée Simonne Monet le 17 février 1942. Ils auront sept enfants et vivront ensemble jusqu'à ce que la mort les sépare. Défenseur infatigable des droits des travailleurs et de la justice sociale, Chartrand devient président du conseil central de la CSN* de Montréal en 1968. La vocation de l'une des plus grandes gueules du Québec n'était finalement pas dans le silence des monastères !

*CSN : Confédération des syndicats nationaux

VERDUN
VILLE SÈCHE
— 1919 —

DIFFICILE À CROIRE, MAIS IL EXISTE ENCORE DES ENDROITS AU QUÉBEC OÙ LES BARS, DISCOTHÈQUES ET AUTRES DÉBITS D'ALCOOL SONT INTERDITS, ET CE, GRÂCE À UNE LOI DATANT DE L'ÉPOQUE DE LA PROHIBITION : LA LOI DE LA TEMPÉRANCE. VERDUN, À MONTRÉAL, EST L'UN DES DEUX VILLAGES D'IRRÉDUCTIBLES ABSTINENTS.

Fondée en 1874, la nouvelle localité de Verdun est préoccupée par la vente d'alcool, comme à peu près toutes les municipalités de la province, faut-il le préciser. L'alcool représente un mode de vie dangereux pouvant altérer la moralité et mener aux pires déchéances.

Certains règlements sont déjà en place au pays pour éviter la propagation du « fléau ». Parmi eux, la loi de la tempérance permet depuis 1864 à un comté ou à une municipalité d'interdire par un vote majoritaire de ses citoyens la vente au détail d'alcool. C'est grâce à cette loi que Verdun passe au vote en 1875 et interdit sur son territoire la vente de boissons alcoolisées sous peine d'une amende de 50 $ (toute une somme à l'époque !) ou d'une peine de prison de trois mois. L'alcool disparaît donc des épiceries et des hôtels de la municipalité, et les débits de boisson n'y sont plus les bienvenus : Verdun passe au régime sec.

Scène de vie quotidienne
à Verdun en 1938.

En 1919, on proscrit l'alcool partout au Canada. Mais au Québec, les citoyens trouvent cette mesure trop radicale. Quelques semaines plus tard, la loi est assouplie dans la province et la bière, le cidre et les vins légers retrouvent leur place sur le marché. Le Québec devient alors le seul endroit en Amérique du Nord où l'alcool (sauf les spiritueux) est vendu légalement. La province s'attire ainsi une foule de touristes assoiffés et les profits… coulent à flot !

Mais pas à Verdun. Lors d'une consultation populaire, le deux tiers des Verdunois votent pour que leur ville reste sèche.

C'est seulement en 1929 qu'une toute petite brèche est faite dans le régime sec de la ville : on permet la vente d'alcool dans les épiceries. Puis, il faut attendre 1965 pour que Verdun s'ouvre encore un peu plus. La vente d'alcool est permise dans les succursales de la Société des alcools du Québec et dans les restaurants, mais si, et seulement si, un repas est commandé. Pour cet amendement, le référendum passe de justesse, avec une majorité d'à peine 52 %.

Une menace plane sur la sobriété de Verdun lorsqu'en 1971, la Commission de contrôle des permis d'alcool du Québec décide d'elle-même d'invalider les lois municipales limitant l'octroi de permis d'alcool dans les municipalités. Toutefois, les villes qui désirent garder leurs réglementations intactes ont trois mois pour se manifester. Bien sûr, Verdun répond à l'appel : pas question d'accueillir des bars sur son territoire !

En 1995, le débat revient à l'agenda municipal. Certains restaurateurs de Verdun veulent obtenir des permis pour l'aménagement de bars à l'intérieur de leurs établissements. Leur argument massue : selon eux, la ville subit des pertes commerciales d'environ quatre millions de dollars par année en raison de la désertion de ses propres citoyens qui doivent sortir de leur quartier pour fréquenter des débits de boissons. La municipalité hésite. Un référendum est obligatoire pour faire changer la réglementation, mais c'est très cher... En juin de la même année, le gouvernement provincial donne un coup de pouce à Verdun et permet d'amender

ON NE BOIT PAS, MAIS ON FUME !

AU DÉBUT DES ANNÉES 1940, VERDUN MET SUR PIED LE MAYOR'S CIGARETTE FUND, UN ORGANISME À BUT NON LUCRATIF QUI A COMME OBJECTIF DE RECUEILLIR DES FONDS POUR ACHETER DES CIGARETTES ET LES EXPÉDIER AUX SOLDATS VERDUNOIS QUI SERVENT À L'ÉTRANGER DURANT LA DEUXIÈME GUERRE MONDIALE. INITIATIVE TRÈS POPULAIRE, LE MAYOR'S CIGARETTE FUND RECEVRA LORS DU MOIS DE DÉCEMBRE 1941 PLUS DE DONS QUE LA CROIX-ROUGE DE VERDUN.

C'EST AUSSI SEC À SAINT-LAMBERT !

SAINT-LAMBERT, SUR LA RIVE SUD DE MONTRÉAL, EST L'AUTRE MUNICIPALITÉ DU QUÉBEC QUI VIT ENCORE SOUS UN RÉGIME « RELATIVEMENT » SEC. COMME À VERDUN, L'ALCOOL SE TROUVE DANS LES ÉPICERIES ET LES HÔTELS. LES RESTAURANTS ONT, EUX AUSSI, LA PERMISSION DE SERVIR DU VIN ET DES APÉRITIFS À LEURS CLIENTS, MAIS À LA DIFFÉRENCE DE VERDUN, ON DOIT ENCORE OBLIGATOIREMENT COMMANDER À MANGER POUR PRENDRE UN VERRE.

le règlement sans tenir une consultation populaire. Les restaurateurs peuvent enfin servir de l'alcool aux clients sans que ceux-ci commandent de nourriture.

Depuis 2010, il y a un assouplissement à la rigidité du règlement : la municipalité permet maintenant sur son territoire des brasseries artisanales qui brassent et servent leurs propres bières. Pour l'instant, c'est la seule exception. Si vous cherchez une discothèque, un bar, une taverne ou un cabaret pour une soirée, ce n'est pas à Verdun que vous trouverez ! Ces établissements demeurent encore à ce jour interdits.

COMME DANS LES FILMS

CE N'EST PAS TOUTES LES VILLES QUI SONT AUSSI VERTUEUSES QUE VERDUN. UNE RUMEUR VEUT QUE DANS LES ANNÉES 1920, À RIVIÈRE-BLEUE DANS LE TÉMISCOUATA PRÈS DE LA FRONTIÈRE AMÉRICAINE, UN TUNNEL DE 50 MÈTRES AIT ÉTÉ CREUSÉ ENTRE LA MAISON DU PRINCIPAL CONTREBANDIER D'ALCOOL DU VILLAGE ET LA GARE DE TRAIN. SON USAGE : FACILITER LE TRANSPORT DES BOUTEILLES ET PERMETTRE D'APPROVISIONNER ILLÉGALEMENT NOS VOISINS DU SUD. LES BOUTEILLES ÉTAIENT TRANSPORTÉES « DE L'AUTRE CÔTÉ » PAR TRAIN, À PIED OU EN VOITURE, SOUVENT CACHÉES AVEC BEAUCOUP D'IMAGINATION : À L'INTÉRIEUR DE CERCUEILS, DE CAISSES DE POMMES, DE FAUSSES SOUTANES. À CE JOUR, LE TUNNEL JUSQU'À LA GARE N'A PAS ÉTÉ RETROUVÉ...

Verdun vue du haut des airs, entre 1925 et 1935.

En avoir plein son Truxx !

1977

DANS LE QUÉBEC D'AUJOURD'HUI, IL EST DIFFICILE D'IMAGINER QU'IL Y A À PEINE 50 ANS LES HOMOSEXUELS ÉTAIENT TOUJOURS CONSIDÉRÉS COMME DES PARIAS, SOIGNÉS À COUP D'ÉLECTROCHOCS ET PASSIBLES DE PRISON. POURTANT, C'ÉTAIT BEL ET BIEN LE CAS.

Au début du 20ᵉ siècle, les homosexuels sont considérés amoraux par l'Église, malades mentaux par la médecine ou criminels par la justice – quand ce n'est pas tout cela à la fois par certain ! Pour la communauté gaie, le quotidien est donc teinté de clandestinité, de harcèlement et d'intimidation policière.

À cette époque, la répression policière de l'homosexualité au Québec se base sur la loi canadienne. L'article sur la grossière indécence permet de poursuivre en justice tout homme ayant une relation « indécente » avec un autre homme. C'est un crime sérieux, passible de quelques années de prison. À cette sentence, les juges ajoutent parfois des coups de fouet*.

Durant les années, 1950 et 1960, la répression envers les gais est toujours bien réelle. Une escouade de la GRC pour démasquer les homosexuels voit le jour : l'unité met sous surveillance des milliers d'individus à travers le Canada. À cette même époque, au Québec, les

Oui, vous avez bien lu ! Aussi étrange et archaïque que cela puisse paraître, il n'y a pas si longtemps, le fouet était encore d'usage pour punir divers crimes.

NE PAS DÉPASSER LA FRONTIÈRE

JUSQU'EN 1977, CITOYENNETÉ ET IMMIGRATION CANADA REFUSE L'ACCÈS AU TERRITOIRE CANADIEN À TOUT HOMOSEXUEL DÉCLARÉ.

homosexuels sont victimes de nombreuses et foudroyantes descentes policières dans plusieurs lieux de rencontres de la communauté gaie, comme certains bars et saunas de la métropole. Souvent, les policiers se contentent de demander aux gens présents une preuve d'identité, question de les inscrire ensuite au « registre de la population homosexuelle ». D'autres fois, des arrestations sont faites et les conséquences, plus lourdes à porter : les médias publient souvent les noms et adresses des personnes arrêtées, allant parfois jusqu'à indiquer l'identité de leurs employeurs. Ce contexte social alimente la peur et la clandestinité.

Cependant, plus le temps passe, plus les mentalités changent. Tranquillement, la révolution sexuelle se met en place partout dans le monde occidental. Les tabous entourant l'homosexualité commencent timidement à se dissoudre. Pourtant les descentes policières, elles, continuent. Et un certain soir, c'en est une de trop.

Dans la nuit du 21 au 22 octobre 1977, les policiers font une descente dans le bar le Truxx, rue Stanley à Montréal. L'escouade de la moralité fait appel aux hommes de l'équipe du SWAT et ceux-ci débarquent dans le bar armés de mitraillettes. Les autorités justifient leur intervention par la loi sur les maisons de débauche (utilisée habituellement dans des cas de maisons de prostitution ou de jeu). Grâce à divers amendements qui ont

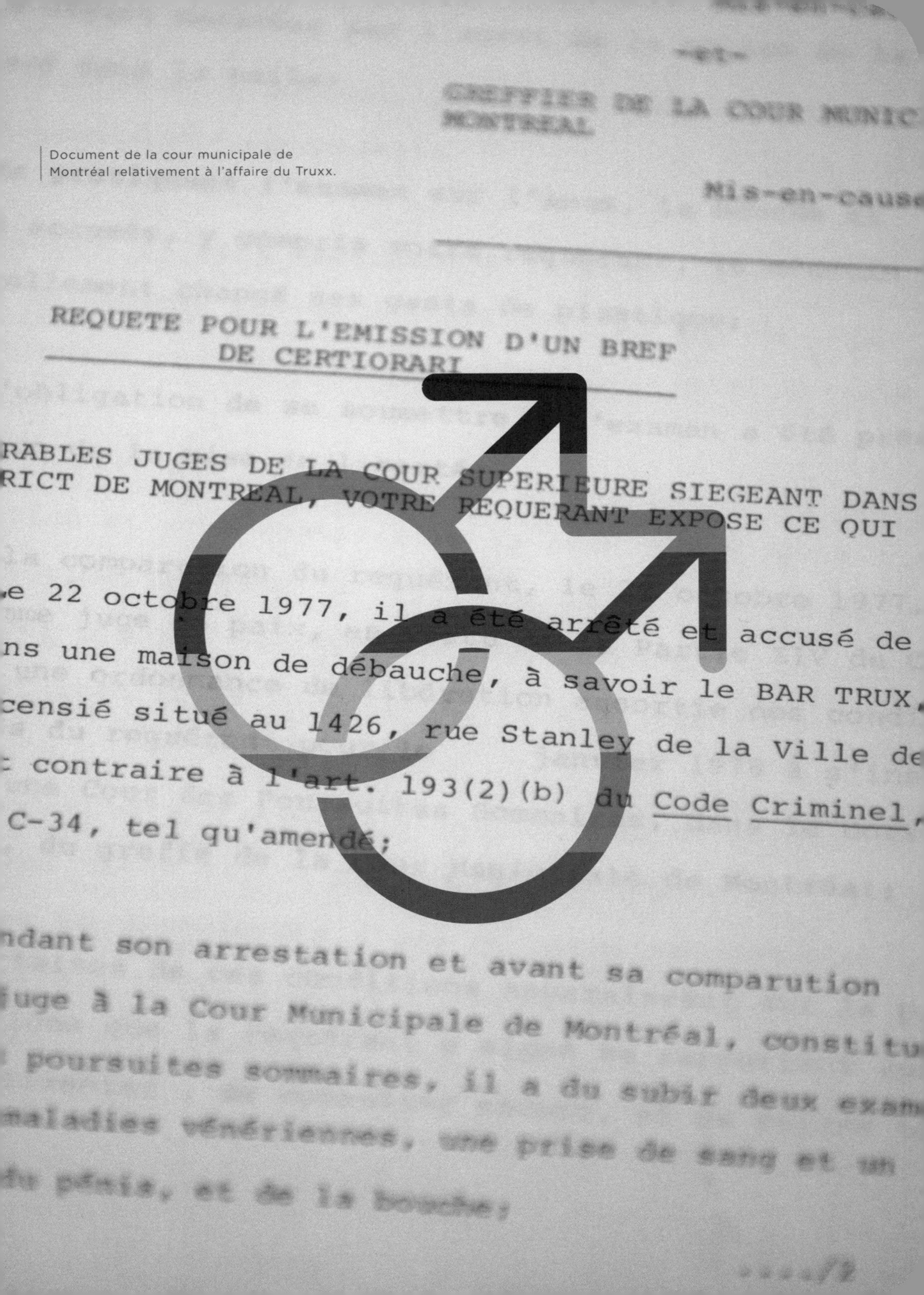

-et-

GREFFIER DE LA COUR MUNIC
MONTREAL

Mis-en-cause

REQUETE POUR L'EMISSION D'UN BREF
DE CERTIORARI

RABLES JUGES DE LA COUR SUPERIEURE SIEGEANT DANS
RICT DE MONTREAL, VOTRE REQUERANT EXPOSE CE QUI

e 22 octobre 1977, il a été arrêté et accusé de
ns une maison de débauche, à savoir le BAR TRUX,
censié situé au 1426, rue Stanley de la Ville de
contraire à l'art. 193(2)(b) du Code Criminel,
C-34, tel qu'amendé;

ndant son arrestation et avant sa comparution
juge à la Cour Municipale de Montréal, constitu
poursuites sommaires, il a du subir deux exam
maladies vénériennes, une prise de sang et un
du pénis, et de la bouche;

...../2

Document de la cour municipale de Montréal relativement à l'affaire du Truxx.

Au début c'était l'euphorie.

La foule fut évaluée à environ 1,500 personnes.

Photos Yves FABE

«On est sain, c'est le système qui est malade», dit une affiche.

La manifestation contre les arrestations du Truxx, vue par la lentille d'un photographe de presse.

eu lieu au fil du temps, cette loi a élargi son champ d'action pour désigner comme maison de débauche tout lieu où des actes « d'indécence » sont posés. Le bar le Truxx est un lieu de rendez-vous homosexuel bien connu. Il peut donc devenir, en interprétant largement cette loi, une maison de débauche. La descente donne lieu à 146 arrestations. Le crime commis par ces gens ? Leur simple présence dans ce bar : aucune autre infraction n'est reconnue.

C'est une longue nuit pour ceux qui ont été embarqués : une nuit qui durera 5 ans ! Détenus dans des conditions difficiles, certains rapportent avoir été placés avec 15 à 20 autres hommes dans une cellule prévue pour 2 détenus. Les policiers soumettent aussi tous les hommes arrêtés à des tests de dépistage de maladies transmissibles sexuellement. Ces derniers restent détenus une quinzaine d'heures alors qu'habituellement, après ce type d'arrestation, les individus sont simplement relâchés sous promesse de comparaître. Plusieurs sortent de cette expérience humiliés, fâchés et prêts à se battre pour que de telles situations ne se reproduisent pas. La nuit suivante, près de 2000 personnes descendent dans la rue pour crier leur indignation et protester contre ces abus. Du jamais vu !

La colère derrière cette manifestation est heureusement entendue. Quelques semaines après, soit le 15 décembre, le Parti québécois de René Lévesque met en place un amendement à la Charte des droits et libertés de la province. Celui-ci interdit dorénavant la discrimination sur l'orientation sexuelle. Cette mesure était revendiquée depuis plusieurs années par de nombreux groupes mais elle n'avait jamais trouvé d'écho… jusqu'à ce jour. Le Québec devient ainsi le premier territoire en Amérique du Nord à adopter une telle norme. Avec l'arrivée de cet amendement, la situation juridique des homosexuels continue à évoluer au fil des ans pour finalement leur permettre de disposer des mêmes droits que l'ensemble des citoyens.

Pas à pas, la société a cessé de condamner un crime qui n'en est pas un et la médecine, d'essayer de guérir une maladie qui n'en est pas une.

UNE LONGUE COUR

LE DOSSIER DES ARRESTATIONS DU TRUXX NE SE TERMINE PAS AVEC L'AMENDEMENT DE LA CHARTE DES DROITS ET LIBERTÉS. LE CODE CIVIL ÉTANT DIFFÉRENT DE LA CHARTE, LES PROCÉDURES JUDICIAIRES CONTRE LES CLIENTS DU TRUXX SE POURSUIVENT.

OCTOBRE 1977 : ARRESTATIONS AU TRUXX. LA DÉFENSE DES PRÉVENUS S'ORGANISE.

AOÛT 1979 : LA COUR D'APPEL INVALIDE LA LÉGALITÉ DE LA CONDITION DE LIBÉRATION IMPOSÉE AUX ACCUSÉS. CELLE-CI LES OBLIGEAIT À SUIVRE TOUT TRAITEMENT MÉDICAL QUE LE MÉDECIN (CELUI QUI LEUR AVAIT FAIT PASSER LE TEST DE MTS) LEUR PRESCRIRAIT.

AVRIL 1980 : LE PROPRIÉTAIRE DU TRUXX EST CONDAMNÉ À 5000 $ D'AMENDE ET À 10 JOURS DE PRISON POUR AVOIR TENU UNE MAISON DE DÉBAUCHE.

MARS 1982 : LE JUGEMENT CONTRE LE PROPRIÉTAIRE DU TRUXX ET L'AMENDE SONT MAINTENUS EN COUR D'APPEL MAIS LA SENTENCE DE PRISON EST DIMINUÉE À TROIS JOURS.

DÉCEMBRE 1982 : RETRAIT DES PLAINTES CONTRE TOUS LES ACCUSÉS, PLUS DE CINQ ANS APRÈS LEUR ARRESTATION.

HIER SOIR

145 ARRESTATIONS
AU "TRUXX"
SOUS PRETEXTE D ETRE DANS UNE
MAISON DE DEBAUCHE

CE SOIR
CE POURRAIT ÊTRE......
ICI-MÊME.......
IL NOUS FAUT
FAIRE VALOIR
--- NOS DROITS ---

A MINUIT, CE SOIR,
MANIFESTATION
AU COIN DES
RUES STANLEY ET STE-CATHERINE.

Michel Girouard (à gauche) et Réjean Tremblay, avec leur témoin les comédiennes Danielle Ouimet et Andrée Boucher

Tract publicisant la manifestation qui suivit les arrestations du Truxx.

CE QUI SE PASSE CHEZ SOI, RESTE CHEZ SOI

EN 1969, PIERRE ELLIOTT TRUDEAU, ALORS MINISTRE DE LA JUSTICE FÉDÉRAL, DÉCRIMINALISE L'HOMOSEXUALITÉ AU CANADA ENTRE ADULTES CONSENTANTS DE 21 ANS ET PLUS. À L'OCCASION DE LA PRÉSENTATION DE LA LOI OMNIBUS, TRUDEAU LANCE UNE PHRASE ENCORE CÉLÈBRE AUJOURD'HUI : « THERE'S NO PLACE FOR THE STATE IN THE BEDROOMS OF THE NATION. » OU, EN FRANÇAIS : « L'ÉTAT N'A RIEN À FAIRE DANS LES CHAMBRES À COUCHER DU PAYS. » CEPENDANT, CETTE LOI NE S'APPLIQUE QU'À CE QUI SE PASSE EN PRIVÉ. LES ACTES EN PUBLIC, EUX, RESTENT CRIMINELS PARCE QUE SOUS LA JURIDICTION DE LA GROSSIÈRE INDÉCENCE, D'OÙ LES ARRESTATIONS AU TRUXX.

OUI, JE LE VEUX!

Le Québec est devenu en 2004 la troisième province au Canada à permettre le mariage homosexuel, après l'Ontario et la Colombie-Britannique. Mais plus de trente ans auparavant, une personnalité artistique fort connue a fait parler toute la planète en s'unissant avec son conjoint de même sexe !

En 1971, le chroniqueur Michel Girouard fait les manchettes de la province après avoir révélé durant son émission radio qu'il est amoureux du pianiste Réjean Tremblay. Il est l'une des premières personnalités québécoises à faire publiquement sa sortie du placard. Quelques mois plus tard, sa vie privée revient sous les projecteurs lorsqu'il annonce qu'il veut se marier avec Tremblay. L'abbé Roméo Lauzon le contacte et lui propose d'officier la cérémonie. Les hautes sphères de l'Église ne voient pas ce mariage du même œil et on raconte que l'affaire remonte jusqu'au Vatican. L'Église catholique tranche : ce ne sera pas en son sein ! La presse internationale suit l'histoire de près. On en entend parler en France, en Espagne, aux États-Unis. Et surtout ici.

Le 26 février 1972, Michel Girouard signe en guise de mariage un « contrat d'union de fait » avec Tremblay, contrat parfaitement légal, rédigé par le déjà célèbre avocat Claude F. Archambault. Les témoins sont les actrices Danielle Ouimet et Andrée Boucher, toutes deux amies du couple. CKVL suspend son animateur radio, craignant les réactions du public. Il ne semble cependant pas y avoir matière à s'inquiéter puisqu'un tollé suit la suspension de Girouard : des annonceurs vont même jusqu'à annuler leur achat de publicité à la chaîne radiophonique. Girouard réintègre sa place au micro une semaine plus tard. Tout juste le temps d'une lune de miel, peut-être ?

HITCHCOCK

DANS LES RUES DE QUÉBEC

1952

AU DÉBUT DES ANNÉES 1950, LA SCÈNE CULTURELLE DE QUÉBEC N'A PAS GRAND-CHOSE D'INTERNATIONAL. IMAGINEZ ALORS LA FRÉNÉSIE QUAND, EN AOÛT 1952, LE MAÎTRE DU SUSPENSE ALFRED HITCHCOCK DÉBARQUE EN VILLE POUR TOURNER SON FILM *I CONFESS* (*LA LOI DU SILENCE* EN VERSION FRANÇAISE).

L'intrigue du film place le prêtre catholique Michael Logan au cœur d'une histoire de meurtre dont il est le principal suspect. Logan connaît la véritable identité du tueur mais ne peut le dénoncer, étant tenu au secret par la confession. Un suspense sur fond de religion catholique pour lequel Hitchcock recherche l'authenticité : il veut absolument filmer dans une ville avec une forte présence de l'Église catholique. Il se tourne en premier vers l'Irlande où, après lecture de son scénario, sa demande est refusée par l'État et l'Église. Il considère ensuite Québec qui, en plus d'être ultra-catholique, l'a complètement séduit lors d'une visite de repérage.

Mais avant de tourner à Québec, Hitchcock et la Warner Brothers doivent convaincre l'archevêché de la ville d'approuver le tournage. Après certaines modifications faites au scénario, le clergé est prêt à accepter. Cependant, ce n'est pas sans condition : un de ses abbés doit veiller au respect et à la conformité de la vision catholique dans le film, en plus d'assister à une grande partie du tournage. C'est ainsi que l'abbé québécois Paul La Couline voit son nom ajouté au générique comme « consultant technique ».

Première de *I Confess* à Québec. La petite Renée Hudon (à droite) est en compagnie d'Anne Baxter et du grand Hitchcock.

Il n'y a pas que l'abbé La Couline qui réussit à se faire une place dans le film. Quelques rôles plus ou moins mineurs sont attribués à des acteurs québécois. Le comédien Gilles Pelletier, connu entre autres pour sa prestation dans la série *L'héritage*, obtient le rôle du frère Benoît, un rôle d'à peine quelques répliques. Renée Hudon – qui aura par la suite une carrière d'animatrice à la télévision et à la radio – personnifie, quant à elle, une des deux petites filles de l'intrigue. À 10 ans à peine, elle a la chance de jouer avec de grands noms de l'époque : les têtes d'affiche du film sont Montgomery Clift et l'oscarisée Anne Baxter.

Lorsque le tournage débute le 21 août 1952, la ville de Québec est surexcitée. Un nombre impressionnant de curieux se massent autour du plateau. Malgré les bons sentiments des habitants, l'atmosphère au sein de l'équipe de tournage est plutôt lourde. Très exigeant envers ses acteurs et reconnu pour être un bourreau de travail perfectionniste et colérique, Hitchcock dirige son plateau avec une main de fer.

Renée Hudon garde pourtant des souvenirs très tendres du grand maître, car celui-ci est tout à fait différent avec les enfants sur le plateau. Toujours charmant avec elle, il la promène sur ses épaules entre les scènes, rigole et ne lève jamais le ton. La présence des enfants sur le tournage le réjouit. Avec le recul, Renée Hudon croit que la vie personnelle d'Hitchcock a peut-être joué dans cette relation spéciale : au moment du tournage, sa fille est enceinte et il s'apprête à devenir grand-père pour la première fois.

Bien qu'Hitchcock ait une relation bienveillante avec les enfants-acteurs, il n'en est pas de même avec les têtes d'affiches du film, Montgomery Clift et Anne Baxter. Le courant ne passe pas entre Hitchcock et Clift. Un de leur principal élément de discorde est la technique de l'Actors Studio* dont l'acteur est adepte – et que Hitchcock ne tient pas en grande estime. Pour ajouter de l'huile sur le feu, après une soirée passée dans un bar de la Vieille Capitale, Montgomery Clift revient avec un vilain œil au

CAMÉO

HITCHCOCK AVAIT L'HABITUDE D'APPARAÎTRE DANS SES FILMS. DANS *LA LOI DU SILENCE*, ON LE RETROUVE DANS LE PREMIER PLAN DU FILM, AU SOMMET DE L'ESCALIER CASSE-COU RELIANT LA CÔTE DE LA MONTAGNE AU QUARTIER DU PETIT-CHAMPLAIN À QUÉBEC.

Au début du tournage, le père de Renée Hudon (petite fille à gauche) n'est pas d'accord avec le choix de lui faire porter des lunettes. Hitchcock lui répond : Mister Hudon, ce sera avec des lunettes ou ce ne sera rien.

* Appelée aussi « la méthode », cette technique demande du comédien un jeu organique basé sur la vérité et les expériences personnelles.

LE CONFESSIONNAL DE *I CONFESS*

**LE FILM *LE CONFESSIONNAL* (1995)
DE ROBERT LEPAGE SITUE UNE
PARTIE DE SON INTRIGUE LORS DU
TOURNAGE DE *LA LOI DU SILENCE* À
QUÉBEC. CE N'EST PAS UN HASARD
SI LEPAGE S'EST INTÉRESSÉ À CETTE
PÉRIODE : NON SEULEMENT IL EST
ORIGINAIRE DE LA CAPITALE MAIS
SON PÈRE A ÉTÉ LE CHAUFFEUR
D'ALFRED HITCHCOCK LORS DE SON
SÉJOUR À QUÉBEC EN 1952.**

beurre noir. Il est si amoché qu'aucun maquillage n'en vient à bout, obligeant ainsi Hitchcock à revoir ses plans pour ne prendre que son profil droit pour le reste du tournage à Québec.

Renée Hudon se rappelle qu'Hitchcock était aussi très dur avec Anne Baxter tout au long du tournage, et particulièrement lors d'une de ses dernières journées sur le plateau. L'équipe venait de rentrer de Québec et s'affairait à tourner les toutes dernières scènes dans les studios de la Warner Bros. à Hollywood. Ce jour-là, Baxter arrive, encore une fois, en lendemain de veille... Hitchcock lui dit, menaçant : « Une fois de plus et on refait le film à Québec sans vous. » Lui tenant tête, elle lui répondit qu'il ne pouvait faire cela, car le film était presque complété. Il lui rétorqua alors qu'elle le connaissait bien mal...

Le tournage prend fin et, quelques mois plus tard, c'est la première mondiale du film à Québec. Le 12 février 1953, tout le gratin québécois se donne rendez-vous sur le tapis rouge du Capitole. Même certaines stars hollywoodiennes du film sont présentes. Une surprise de taille attend cependant Hitchcock. Avant la projection, le Bureau de la censure du Québec a retranché environ deux minutes et demie du film sans en parler au grand réalisateur. Parmi les scènes coupées, on retrouve un baiser trop prolongé entre le prêtre (mais qui n'est pas encore prêtre dans la scène) et son amoureuse, mais surtout une des scènes pivots du film : celle où les deux petites filles identifient, à tort, le meurtrier. La justification pour cette dernière coupe est que la loi du Québec ne permet pas le témoignage

d'enfants de moins de 16 ans. Cette censure joue malheureusement sur la compréhension de l'intrigue. Furieux, Hitchcock quitte la salle dès la représentation du film terminée, annule sa rencontre prévue avec l'archevêque Maurice Roy et déclare qu'il ne remettra plus jamais les pieds dans cette « maudite ville catholique », engagement qu'il a tenu jusqu'à sa mort. Il annonce aussi avec défiance que ce ne sont que les Québécois qui verront cette copie amputée, car le reste du monde aura droit au film entier !

Le film connaîtra un succès mitigé, n'enflammant pas les foules même s'il est présenté au festival de Cannes en 1953. Pour plusieurs, l'intrigue catholique n'a pas eu l'attrait voulu sur le public américain, majoritairement protestant. Même si le film n'a pas eu une place marquante dans la filmographie d'Hitchcock, il a quand même laissé une trace indélébile dans la vie de plusieurs Québécois.

Une image de la scène de *I Confess* qui n'a pas été vue au Québec, une censure qui causa la fureur d'Hitchcock.

NAGER

sur

L'AUTOROUTE

Décarie

1987

UNE PLUIE QUI AURAIT IMPRESSIONNÉ NOÉ, DES ROUTES DEVENUES RIVIÈRES, DES QUARTIERS DÉCLARÉS ZONES SINISTRÉES ET PLUS DE 43 000 APPELS AU 911 EN UNE SEULE JOURNÉE : MONTRÉAL COULE SOUS LES FLOTS EN CE 14 JUILLET 1987.

C'est la canicule depuis près d'une semaine lorsque des orages éclatent sur l'île de Montréal. Enfin de la pluie pour diminuer la chaleur étouffante des derniers jours ! Une pluie bienvenue, certes, mais qui prend aussi les Montréalais par surprise : plus de 100 mm tombent au centre-ville en seulement deux heures. Avec ce débit, les égouts de la ville ne fournissent pas. L'eau se met à refouler et certains quartiers de la ville se retrouvent subitement inondés : sous-sols, bureaux, hôpitaux – personne n'est épargné. La ville est plongée dans le chaos, complètement paralysée. Les lignes de métro ferment et les ponts sont bloqués. Partout, on doit procéder à des évacuations d'urgence, éteindre des incendies dus à la foudre, contrôler des inondations. Les services d'urgence ne savent plus où donner de la tête.

UN DÉLUGE QUI FRAPPE FORT !

40 000
LOGEMENTS INONDÉS

350 000
RÉSIDENTS PRIVÉS
D'ÉLECTRICITÉ

400
VÉHICULES
ABANDONNÉS ET
REMORQUÉS HORS
DES AUTOROUTES

POURQUOI
ÇA ARRIVE ?

LORSQU'UN NUAGE ENTRE DANS UNE
ZONE OÙ LA TEMPÉRATURE EST PLUS
ÉLEVÉE QU'AILLEURS (COMME LORS
D'UNE CANICULE), CETTE CHALEUR LUI
PERMET DE SE CHARGER DAVANTAGE
D'HUMIDITÉ ET RALENTIT DU MÊME
COUP SA COURSE. LES RISQUES
IMMÉDIATS D'ORAGES AUGMENTENT
ALORS SIGNIFICATIVEMENT.

Les axes routiers sont eux aussi
spectaculairement touchés. Par exemple,
l'autoroute Décarie, une artère creusée
et emmurée très empruntée par les
automobilistes montréalais, est inondée
en 30 minutes seulement. L'eau atteint
par endroits plus de trois mètres et demi
de profondeur, faisant de l'autoroute
une véritable rivière. Des centaines
d'automobilistes se trouvent subitement
bloqués au milieu des flots et, dû au danger,
les secouristes ne peuvent leur venir en aide
immédiatement. Ceux-ci doivent attendre
plusieurs heures que l'eau baisse avant de
pouvoir s'aventurer jusqu'aux naufragés.
Entre-temps, tout près de là, dans une des
voies de desserte de l'autoroute 40 près de
l'autoroute Décarie, un homme de 80 ans
meurt noyé dans son véhicule.

RÉGLER LE PROBLÈME ?

LE RÉSEAU D'ÉGOUTS DE MONTRÉAL NE PEUT ABSORBER QUE 36 MM
DE PLUIE À L'HEURE. AVEC 100 MM TOMBÉS EN DEUX HEURES, PAS
ÉTONNANT QUE LES ÉGOUTS AIENT REFOULÉ TOUTE CETTE EAU !
PLUSIEURS ONT AVANCÉ UNE SOLUTION POUR MIEUX ADAPTER NOTRE
SYSTÈME D'ÉVACUATION D'EAU. MAIS CELA VIENT À UN PRIX... PLUTÔT
ÉLEVÉ : CERTAINS ESTIMENT QU'IL POURRAIT EN COÛTER 10 MILLIARDS
SUR 20 ANS POUR AUGMENTER LE DIAMÈTRE DES BOUCHES D'ÉGOUT
ET POSER DES BASSINS DE RÉTENTION QUI AUGMENTERAIENT
LA CAPACITÉ DU RÉSEAU. C'EST CHER PAYÉ POUR SE PRÉPARER
À L'AMPLEUR D'UNE PRÉCIPITATION DONT LA RÉCURRENCE SERAIT
ÉVALUÉE AU MINIMUM À PLUS DE 50 ANS.

L'autoroute... ou plutôt la rivière Décarie.

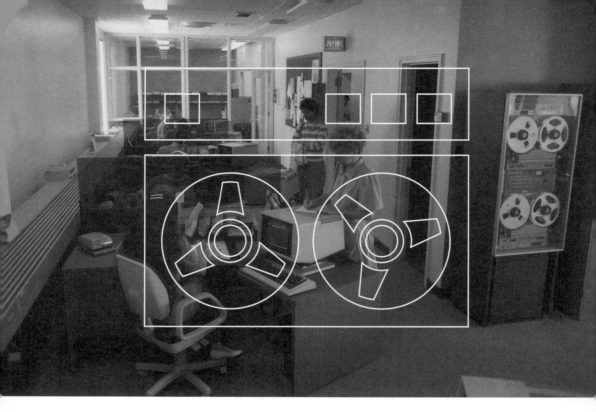

Des préposés de la ville de
Montréal répondant aux
demandes de réclamations
des sinistrés en 1987.

* Littéralement, « acte de dieu »,
c'est-à-dire un événement qui
n'est pas du contrôle humain.
Expression courante dans le
jargon de l'assurance.

Le lendemain matin, une mauvaise
nouvelle attend les sinistrés dont la
maison a été inondée : puisque la tempête
de pluie est considérée comme un « *Act
of God** », une majorité de compagnies
d'assurances refuse de payer pour les
dégâts occasionnés. Une autre tuile pour
les propriétaires ! On parle de dommages
évalués à plusieurs centaines de
millions de dollars sur l'île de Montréal.
En désespoir de cause, les sinistrés se

QUAND LES EAUX PARALYSENT LA VILLE

LES RÔTISSERIES ST-HUBERT ONT DÛ ANNULER LEUR SERVICE DE LIVRAISON PARTOUT SUR L'ÎLE DE MONTRÉAL À CAUSE DES CONDITIONS ROUTIÈRES CHAOTIQUES.

L'ASPHALTE DU BOULEVARD GOUIN A LEVÉ SOUS LA PRESSION DE L'EAU, IMMOBILISANT DU MÊME COUP PLUSIEURS VÉHICULES, DONT UN AUTOBUS.

LE JOURNAL *LE DEVOIR* N'A PAS PU PUBLIER SON ÉDITION DU LENDEMAIN CAR LE LOCAL DE SON IMPRIMEUR DE LASALLE A ÉTÉ VICTIME D'UNE PANNE ÉLECTRIQUE CAUSÉE PAR LES ORAGES. C'EST UNE DES RARES FOIS EN PLUS DE 100 ANS D'EXISTENCE QUE CE JOURNAL A RATÉ UNE DATE DE PARUTION !

À PLUSIEURS ENDROITS, LE DÉBIT D'EAU A REPOUSSÉ SI FORT L'AIR PRÉSENT DANS LES ÉGOUTS QUE PLUSIEURS COUVERCLES DE BOUCHES D'ÉGOUT ONT ÉTÉ SOULEVÉS, CRÉANT DES GEYSERS DE PLUSIEURS PIEDS DE HAUTEUR. DES PASSANTS ONT ÉTÉ SURPRIS MAIS PAR CHANCE, AUCUN BLESSÉ !

tournent vers la municipalité. Le même argumentaire leur est servi : les égouts de la ville ont refoulé, certes, mais c'est une situation exceptionnelle, hors du contrôle de tout un chacun. Plus de 23 000 réclamations seront faites à la Ville de Montréal et elles seront toutes déboutées. Ce sera le gouvernement qui finira par dédommager un peu les citoyens pour les pertes occasionnées... question de les remettre à flot !

PARADOXE MÉTÉOROLOGIQUE

ALORS QUE LA VILLE ENTIÈRE PATAUGE DANS L'EAU, L'ÉTANG DU PARC LAFONTAINE, AU CŒUR DE MONTRÉAL, EST COMPLÈTEMENT À SEC. LE BRIS D'UNE CONDUITE D'ÉGOUT LORS DES ORAGES A CRÉÉ UNE VIDANGE NON DÉSIRÉE DU PLAN D'EAU.

Youppi

UNE MASCOTTE SANS LIMITES

1979

Youppi ! amorce sa carrière en 1979 pour l'équipe de baseball des Expos de Montréal, acquérant rapidement la sympathie du public avec ses danses et ses acrobaties. Le 23 août 1989, il devient la première mascotte à se faire expulser d'un match de la ligue majeure de baseball. Son infraction : avoir dansé sur l'abri des joueurs de l'équipe adverse lors d'une partie opposant les Expos aux Dodgers de Los Angeles.

Malgré son petit côté rebelle, la popularité de Youppi ! ne s'est pas démentie au fil des ans. La preuve ? Youppi ! refait les manchettes en devenant la première mascotte à passer du baseball au hockey. Après le déménagement des Expos à Washington en 2004, la grosse bête orange se voit offrir un contrat en septembre 2005 avec les Canadiens de Montréal. Il est la première mascotte de l'histoire de la Sainte-Flanelle. Comme on dit, l'habit ne fait pas le fan...

Youppi ! garde le sourire malgré la défaite des Expos 7-0 contre les Diamondbacks.

YOUPPI ! EN BREF

- LE NOM OFFICIEL DE YOUPPI ! S'ÉCRIT RÉELLEMENT AVEC UN POINT D'EXCLAMATION À LA FIN.

- CE SONT DES ADJOINTS DE JIM HENSON (LE CRÉATEUR DES MUPPETS ET DES PERSONNAGES DE SESAME STREET) QUI CONÇURENT LA MAQUETTE DE LA MASCOTTE YOUPPI ! POUR LES EXPOS.

- L'APPARENCE DE YOUPPI ! N'A PAS ÉTÉ MODIFIÉE DEPUIS SES DÉBUTS – SEULS SON UNIFORME ET SA CASQUETTE ONT ÉTÉ ADAPTÉS AU CHANGEMENT DE COSTUMES DE SES ÉQUIPES.

- YOUPPI ! N'A PAS ÉTÉ L'UNIQUE MASCOTTE DES EXPOS DE MONTRÉAL : LA PREMIÈRE SE NOMMAIT SOUKI ET REPRÉSENTAIT UNE CRÉATURE À LA TÊTE DÉMESURÉE EN FORME DE BALLE DE BASEBALL ET VÊTUE D'UN COSTUME D'ASTRONAUTE. ELLE N'ÉTAIT PAS TRÈS APPRÉCIÉE DES PARTISANS ET PIRE, FAISAIT MÊME PEUR AUX ENFANTS. SA CARRIÈRE, COMME VOUS POUVEZ L'IMAGINER, A ÉTÉ DE COURTE DURÉE : UNE SEULE SAISON.

UN
ENTÊTE
À L'AVANTAGE
D'UN
ENTÊTÉ

1900

AU QUÉBEC, DESJARDINS N'EST PAS SEULEMENT UN NOM DE FAMILLE : IL EST AUSSI SYNONYME DES CAISSES POPULAIRES. MAIS SAVEZ-VOUS VRAIMENT COMMENT TOUT A COMMENCÉ ?

En 1892, Alphonse Desjardins est déjà établi avec sa famille à Lévis (sur la rive sud de Québec) depuis plusieurs années quand, par un concours de circonstances, il devient sténographe des débats à la Chambre des communes à Ottawa. Sa tâche consiste à assister aux interventions et à consigner toutes celles qui ont été faites en français. Il est donc assis aux premières loges lorsque le 6 avril 1897 un député de l'opposition du nom de Michael Quinn présente un projet de loi pour contrer les prêts usuriers à des taux démesurés. Dans un véritable cri du cœur, Quinn explique que ce problème ravage les classes populaires partout au pays, mais surtout dans la ville de Montréal où l'on rapporte parfois des cas d'intérêts équivalant à un taux de près de 3000 %. Un Montréalais a même dû payer 5000 $ en intérêts sur une somme de… 150 $!

Alphonse Desjardins a grandi dans une famille modeste qui n'arrivait pas toujours à joindre les deux bouts. Le discours de Michael Quinn remue donc chez lui de douloureux souvenirs et le touche profondément. Cette situation

UN MODESTE DÉPART

LE 23 JANVIER 1901, À LA FIN DE LA PREMIÈRE JOURNÉE D'OPÉRATION, LE CAPITAL DÉPOSÉ DANS LES COFFRES DE LA PREMIÈRE CAISSE EST DE 26,40 $.

EN 2000, LES 972 CAISSES IMPLANTÉES AU QUÉBEC REPRÉSENTAIENT UN ACTIF DE 75 MILLIARDS DE DOLLARS !

doit cesser, mais il a l'intime conviction qu'une législation sur ces prêts souvent déraisonnables n'enrayera pas le problème. Il se met donc en quête d'une autre solution.

À cette époque au Québec, il existe quelques banques canadiennes-françaises, mais celles-ci sont peu répandues et la majorité de la population ne peut y obtenir un prêt. Cette situation cause un énorme problème pour plusieurs travailleurs, comme les agriculteurs qui ont bien souvent besoin de crédit pour acheter de la machinerie agricole. Au fil du temps, un système de prêts usuriers s'est donc implanté partout dans la province. Certains sont de « bons usuriers » : souvent le notaire ou le médecin du village prêtant de l'argent à ses concitoyens en échange d'un taux d'intérêt raisonnable. Cependant, d'autres abusent de la situation précaire des emprunteurs, prenant plusieurs d'entre eux à la gorge.

Durant ses temps libres à Ottawa, Desjardins se rend à la bibliothèque du Parlement pour faire de la recherche sur le sujet. Il découvre qu'en Europe, il existe différents systèmes d'institutions financières dont le but est d'encourager l'épargne et de faciliter l'accès au crédit. Desjardins se lance donc dans une correspondance assidue avec les promoteurs de ces modèles (des centaines de lettres !). Ces échanges lui permettront ensuite de créer un modèle adapté à la réalité québécoise : les Caisses populaires Desjardins. Pour rejoindre tous ces gens via la poste, il utilise,

La maison familiale des Desjardins à Lévis, qui a aussi été le siège social de la première caisse de 1900 à 1906.

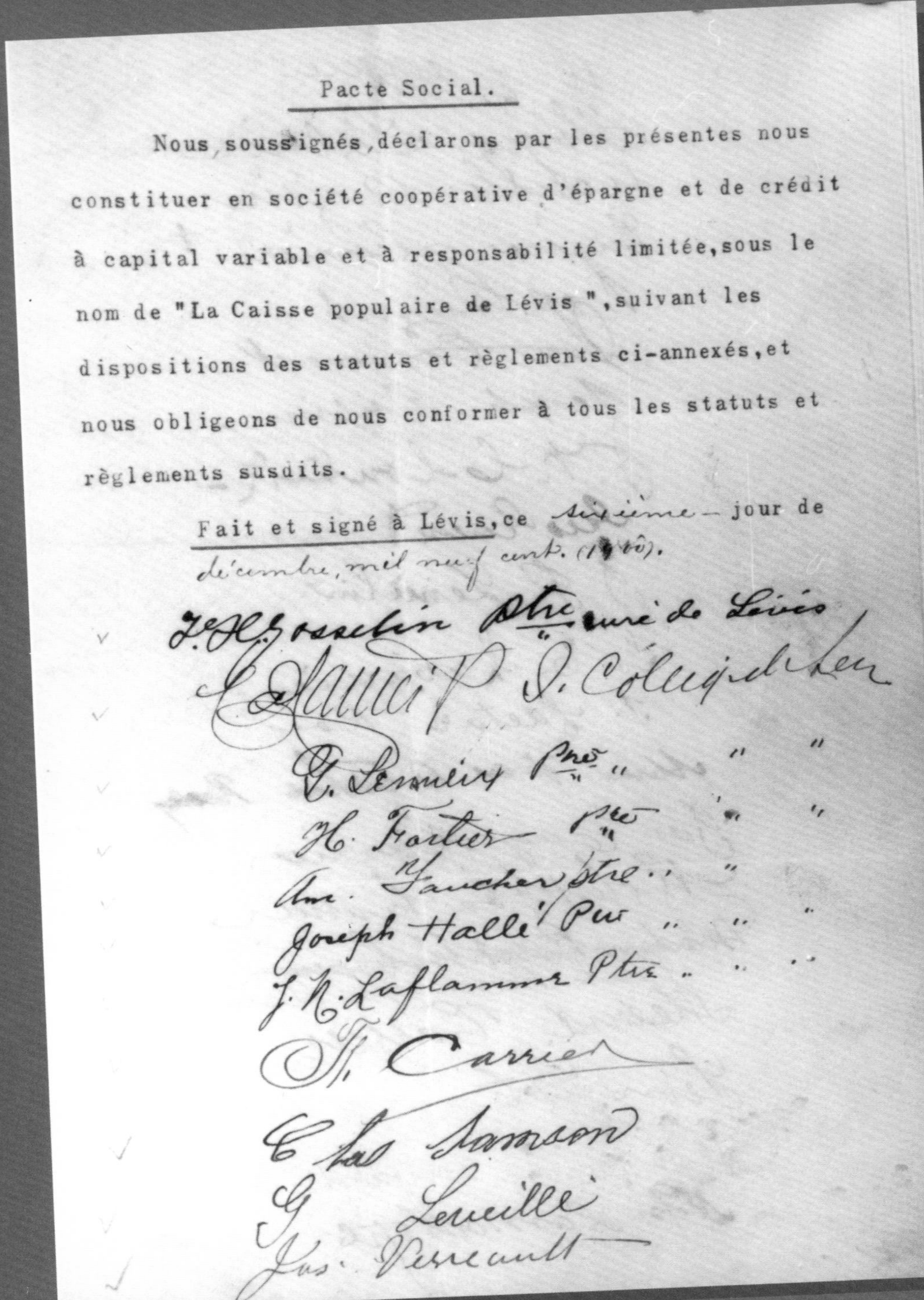

Pacte Social.

Nous, soussignés, déclarons par les présentes nous constituer en société coopérative d'épargne et de crédit à capital variable et à responsabilité limitée, sous le nom de "La Caisse populaire de Lévis", suivant les dispositions des statuts et règlements ci-annexés, et nous obligeons de nous conformer à tous les statuts et règlements susdits.

Fait et signé à Lévis, ce *sixième* jour de *décembre, mil neuf cent (1900)*.

J. H. Gosselin Ptre curé de Lévis

Alphonse P. J. Côté, président

T. Lemieux Ptre

H. Fortier Ptre

Am. Faucher Ptre

Joseph Hallé Ptre

J. N. Laflamme Ptre

T. Carrier

Chas Samson

G. Leveillé

Jos. Perreault

Pacte social signé en 1900 et qui permit la fondation de la première Caisse.

par souci d'économie, du papier à entête de la Chambre des communes... ce qui crée un quiproquo assez avantageux. Plusieurs de ses correspondants croient avoir affaire à un député du Parlement canadien. Desjardins évite habilement de rectifier cette confusion tant et aussi longtemps que son destinataire ne lui pose pas directement la question. Certains prendront des années avant de se rendre compte de leur méprise.

Le 6 décembre 1900, plus de 130 citoyens assistent à l'assemblée de fondation de la Caisse populaire de Lévis. La première coopérative d'épargne et de crédit d'Amérique du Nord voit enfin le jour !

Alphonse Desjardins en 1913.

SE DONNER POUR LA CAUSE

DESJARDINS N'A JAMAIS ACCEPTÉ DE SALAIRE POUR SON TRAVAIL À LA CAISSE. EN TOUT, IL AIDE EN PERSONNE À FONDER 136 CAISSES AU QUÉBEC, 18 EN ONTARIO ET 9 AUX ÉTATS-UNIS DANS LES COMMUNAUTÉS FRANCO-AMÉRICAINES.

IL Y INVESTIT 4000 $ DE SA POCHE, SOMME CONSIDÉRABLE À L'ÉPOQUE, ET NE DEMANDE QUE LE REMBOURSEMENT DE SES FRAIS DE DÉPLACEMENT. SUR PLACE, POUR ÉVITER LES DÉPENSES, IL DORT SOUVENT AU PRESBYTÈRE DU VILLAGE. SES PARTISANS CHERCHENT DES IDÉES POUR FINANCER INDIRECTEMENT SON TRAVAIL AU SEIN DES CAISSES. CERTAINS SUGGÈRENT QU'ON VOTE UNE SUBVENTION GOUVERNEMENTALE AFIN DE RÉMUNÉRER SES DÉMARCHES, MAIS CELA NE SE CONCRÉTISE PAS.

ALPHONSE DESJARDINS CONSERVERA SON POSTE DE STÉNOGRAPHE À LA CHAMBRE DES COMMUNES D'OTTAWA JUSQU'EN 1917, SOIT TROIS ANS AVANT SA MORT. COMME CE POSTE NE L'OCCUPE QUE SIX MOIS PAR ANNÉE, IL PEUT DONC SE CONSACRER BÉNÉVOLEMENT AUX CAISSES LE RESTE DU TEMPS. AH, SI TOUS LES DIRIGEANTS DE BANQUE ÉTAIENT COMME LUI, L'ÉCONOMIE S'EN PORTERAIT SÛREMENT MIEUX !

BON COP
BAD COP

1924

LE 1ER AVRIL 1924, UN SPECTACULAIRE HOLD-UP EST PERPÉTRÉ ALORS QUE DES EMPLOYÉS DE LA BANQUE D'HOCHELAGA EMPRUNTENT EN CAMION LE TUNNEL DE LA RUE ONTARIO À MONTRÉAL. LEUR COFFRE EST REMPLI DE BILLETS DE BANQUE.

Les voleurs ont soigneusement planifié leur coup : l'endroit avait été repéré ; le fil électrique qui alimente les tramways avait été coupé pour s'assurer qu'il n'y aurait pas de témoin ; on avait même tenu compte du calendrier - l'approvisionnement des banques en argent comptant est toujours plus substantiel le premier du mois. Bref, ce ne sont pas des amateurs.

Une fois dans le tunnel, c'est l'embuscade et le camion est pris au piège.

Le hold-up tourne bientôt à la fusillade : les deux parties se tirent dessus. Lorsque la police arrive sur place, elle compte pas moins de 22 trous de balles, seulement dans la carrosserie du camion de banque ! Le conducteur de ce dernier, Henri Cléroux, est tué lors de l'altercation et un collègue est touché. Dans l'autre clan, un des voleurs est gravement blessé, mais arrive à déguerpir avec ses comparses. Au final, un énorme butin est subtilisé : plus de 140 000 dollars – soit presque deux millions de dollars en valeur d'aujourd'hui.

Le voleur blessé se révèle être Harry Stone : il est retrouvé mort des suites de ses blessures quelque temps après le vol. Dans sa poche, on trouve un numéro de téléphone qui met la police sur la trace des autres voleurs. Après une chasse à l'homme, huit personnes sont arrêtées, dont le cerveau de l'affaire, Louis Morel, ex-policier !

À la surprise générale, le témoignage de Morel ouvre la porte sur quelque chose de beaucoup plus complexe et sournois que ce braquage : plusieurs policiers de la ville auraient été mêlés de près ou de loin à ce hold-up. La population est dégoûtée et demande qu'on fouille plus loin.

Le 6 octobre, la commission Coderre, présidée par le juge du même nom, s'ouvre pour faire la lumière sur la présence ou non de corruption policière à Montréal : 162 séances publiques, 6000 pages de notes produites, des dizaines de témoins à la barre. On apprend avec stupéfaction les liens unissant plusieurs membres de la police montréalaise au quartier du Red Light. On découvre, entre autres choses, que la police fournit une protection à plusieurs des 300 maisons de prostitution du quartier chaud du centre-ville. Elle offre également sa protection à certaines maisons de jeux ainsi qu'aux organisations criminelles agissant, elles aussi, dans le Red Light. Certaines absurdités concernant le fonctionnement de la police sont aussi mises en lumière, comme l'embauche de repris de justice libérés sous conditions. De plus, on y apprend que les policiers sont très proches du pouvoir municipal. On rapporte

que, lors d'élections municipales, certains policiers fabriquent de faux bulletins de vote et empêchent les citoyens de se rendre aux urnes. Bien que ce ne soit pas tout le corps de police qui soit corrompu, il est évident qu'il y a des pommes pourries dans les rangs.

Le rapport d'enquête conclut que le Service de police de Montréal est défaillant à l'interne et manque de contrôle sur ses membres. Le juge Coderre y écrit : « C'est un ferment d'indiscipline et une véritable école d'insubordination. » Plusieurs systèmes parallèles et corrompus existent au sein de la

Le juge Louis Coderre de la Cour supérieure du Québec se voit confier en 1924 le difficile mandat de présider la commission sur les relations douteuses entre certains membres de la police et les tenanciers de maisons de jeu et de prostitution.

LE RED LIGHT, C'EST OÙ ? C'EST QUOI ?

LE RED LIGHT SE SITUAIT AU CENTRE-VILLE DE MONTRÉAL, DANS LE QUADRILATÈRE FORMÉ PAR LA RUE SHERBROOKE AU NORD, LE VIEUX-MONTRÉAL AU SUD, LA RUE SAINT-DENIS À L'EST ET LA RUE DE BLEURY À L'OUEST. L'EXPRESSION RED LIGHT VIENT DES LANTERNES ROUGES QU'ON AVAIT L'HABITUDE D'ACCROCHER AUX MAISONS CLOSES. OUTRE LA PROSTITUTION, ON TROUVAIT DANS CE QUARTIER DES MAISONS DE JEUX, DU TRAFIC DE DROGUE ET BEAUCOUP D'ACTIVITÉS ILLÉGALES.

Le Red Light de Montréal en 1957. Il a été un des quartiers chauds de Montréal, particulièrement des années 1920 jusqu'au début des années 1960.

police municipale. Par exemple, les policiers font du « double rabattage ». Lorsqu'un vol est commis, la victime est amenée chez un receleur à qui, sur les conseils des policiers, elle doit racheter les objets qui lui ont été volés. Les receleurs et les policiers se partagent ensuite les profits.

Suite à l'enquête, quelques policiers démissionnent, mais plusieurs haut placés conservent leurs postes. Pour certains citoyens, déçus du peu d'impact de cette commission, il ne reste que l'espoir que la moralité reprenne le dessus sur la corruption.

Cependant, la mémoire est une faculté qui oublie et le présent prouve encore une fois que l'histoire tend à se répéter : un peu moins de cent ans plus tard, la commission Charbonneau sur la corruption dans la construction à Montréal nous montre que le monde municipal reste un terreau fertile pour la collusion et la corruption… Comme on dit si bien, chassez le naturel et il revient au galop !

Quant à l'affaire du « tunnel de la rue Ontario », quatre des malfaiteurs, dont Morel, sont condamnés à la pendaison pour le meurtre d'Henri Cléroux, l'employé de la banque d'Hochelaga assassiné lors du vol. C'est la première quadruple pendaison de l'histoire du Canada et elle a lieu à la prison de Bordeaux.

BANDE SONORE ORIGINALE

UN DES TÉMOINS INVITÉS DEVANT LA COMMISSION CODERRE EST LE PIANISTE DE BORDEL JOHN PETER SWAIL. ON RACONTE QUE CE PERSONNAGE COLORÉ AIMAIT SUIVRE LES FORCES DE L'ORDRE DANS LEURS DESCENTES DES MAISONS CLOSES, S'ASSOYANT AU PIANO ALORS QUE LES POLICIERS INTERROGEAIENT LES PERSONNES SUR PLACE.

Des efforts
de guerre...
Verts !

1939

AVEC LE DÉBUT DE LA DEUXIÈME GUERRE MONDIALE EN 1939, PARTOUT AU QUÉBEC DES USINES D'ÉLECTROMÉNAGERS, DE VOITURES, DE VÊTEMENTS SONT CONVERTIES EN USINES MILITAIRES. MAIS PLUS LE CONFLIT S'ÉTIRE, PLUS LA DEMANDE S'ACCROÎT ET ON COMMENCE À CRAINDRE UNE PÉNURIE DE MATIÈRES PREMIÈRES.

Le gouvernement appelle donc à la rescousse le « front domestique ».

« Ménagères ! Vous êtes en guerre. Voilà vos armes. Ne jetez rien qui puisse servir. Nous ne pouvons pas tous monter à l'assaut, mais nous pouvons monter au grenier, descendre à la cave ou opérer des reconnaissances dans la pièce de débarras », clame une publicité du ministère des Services nationaux de guerre. Sans le savoir, les familles québécoises ont sous leurs yeux – un peu partout dans leur logis – les ressources tant convoitées par l'industrie de guerre. On incite les citoyens, plus particulièrement les femmes, à participer à la victoire grâce à la récupération de déchets domestiques et le don d'objets inutilisés. Le mot d'ordre : tout peut servir !

Pour ce faire, le gouvernement fédéral crée l'Office national de récupération des déchets

LA GUERRE QUI CHANGE LA MODE

LES TISSUS ET LES BOUTONS, EUX AUSSI, SONT RATIONNÉS POUR L'EFFORT DE GUERRE. LE GOUVERNEMENT LIMITE LE NOMBRE DE BOUTONS PAR ROBE À NEUF ET INTERDIT LES POCHES À RABAT SUR LES VESTONS, CELLES-CI UTILISANT UN PEU PLUS DE TISSU QUE LES AUTRES.

UN AUTRE ÉLÉMENT DE LA GARDE-ROBE VIENT À MANQUER : LES BAS DE SOIE POUR FEMMES À COUTURE DERRIÈRE LA JAMBE QUI SONT TRÈS À LA MODE À L'ÉPOQUE. LES PLUS COQUETTES TROUVENT UNE FAÇON INGÉNIEUSE DE LAISSER CROIRE QU'ELLES EN PORTENT : ELLES DESSINENT UNE LIGNE VERTICALE AU CRAYON DERRIÈRE LEURS JAMBES !

domestiques. « Le rebut ne nous rebute pas », dit un des slogans de cette campagne. Des points de chute sont organisés, des directives sont élaborées. Par exemple, on demande de mettre de côté la graisse animale provenant des restes de cuisine. Lorsque celle-ci est chauffée et filtrée, elle peut ensuite être récupérée et transformée en explosifs, en médicaments et en savon. Les os de la viande, eux, deviennent de la colle utilisée dans l'assemblage des avions et des bombes. Le papier recyclé sert à faire des contenants imperméables pour le transport du matériel militaire : on peut ainsi accélérer certains débarquements en territoires hostiles en jetant les fournitures directement à la mer. Les vêtements se transforment en pansements, en couvertures ou en uniformes. Les manteaux de fourrure servent pour les vestes de marins. On cherche à récupérer aussi des objets en métal, notamment pour la fabrication d'armes. Dans cette catégorie, le matériau le plus convoité est l'aluminium. Léger et malléable, il est parfait pour les pièces d'avion. Il devient si recherché qu'à Montréal, en août 1941, les femmes sont invitées à assister à un match de baseball dont le prix d'entrée est... un ustensile en aluminium !

Le caoutchouc, lui aussi, est très recherché. En 1942, il devient illégal de détruire ou de jeter tout objet en caoutchouc – même un casque de bain ! Et ça ne s'arrête pas là. On diminue aussi la vitesse de circulation à 65 km/h pour minimiser l'usure des pneus, car les pneus neufs ne sont dorénavant vendus exclusivement qu'à quelques

Mesdames s'en vont en guerre

AU PAS, MÉNAGÈRES, AU PAS !

Récupérez MÉTAUX CHIFFONS VERRE
OS CAOUTCHOUC PAPIER
TOUT DOIT SERVIR
★ CONSULTEZ VOTRE COMITÉ LOCAL

PUBLIÉ PAR LE SERVICE DE L'INFORMATION, À LA DEMANDE DE L'OFFICE NATIONAL DE RÉCUPÉRATION, OTTAWA; AUTORISÉ PAR L'HON. J. G. GARDINER, MINISTRE DES SERVICES NATIONAUX DE GUERRE.

Durant la Deuxième guerre, le gouvernement fédéral incite les ménagères à contribuer à l'effort de guerre en fouillant dans leurs placards.

catégories spécifiques de travailleurs, comme les infirmières de visites à domicile, les pompiers et les policiers. Malgré ces mesures de rationnement, les stocks de caoutchouc déclinent au point que les usines sont presque à sec. Le Japon, pays ennemi pendant la guerre, contrôle presque toutes les sources de caoutchouc brut. Devant l'urgence de la situation, le premier ministre du Québec Adélard Godbout lance un appel ciblant les professeurs : demandez à vos écoliers de rapporter tous les objets de caoutchouc inutilisables ou inutilisés, que ce soit des bottes de pluie, des chambres à air, de vieux boyaux d'arrosage... tout ce qui tombe sous la main !

Des jeunes de Rosemont récupèrent des articles en caoutchouc, 1942.

« RÉCUPÉRONS POUR LA VICTOIRE », EN CHIFFRES

1 KG DE GRAISSE DE CUISINE = PROPULSION POUR 5 OBUS ANTICHARS

41 000 KG DE VIEUX TUBES DE PÂTE À DENTS = 14 000 KG D'ÉTAIN
UTILISÉ EN SOUDURE ET DANS LA FABRICATION DES CANONS

1 TONNE DE MÉTAL TIRÉ DE BOÎTES DE CONSERVES ET DE CASSEROLES =
150 BOÎTES D'OBUS DE 9 KG.

Toujours en soutien à l'effort de guerre, on sollicite d'autres gestes verts. On encourage les citoyens à bien entretenir leurs possessions – des vêtements au grille-pain : les usines se concentrant sur les fournitures militaires, il sera difficile de remplacer quelque objet que ce soit avant la fin de la guerre. De plus, les ménages doivent diminuer leur consommation d'électricité, car les usines de guerre, elles, en sont gourmandes. On conseille donc de faire cuire plus d'un plat à la fois dans le four, de s'abstenir de remplir trop la baignoire, d'épousseter les ampoules pour obtenir un meilleur éclairage et éviter ainsi de devoir allumer d'autres lampes… On rivalise d'ingéniosité !

En ce temps de guerre, rien n'est jeté, tout est usé jusqu'à la corde puis récupéré, et le gaspillage ne fait plus partie du quotidien. Dans un Québec contemporain confronté à de plus en plus de problèmes environnementaux, pourrait-on s'inspirer un peu du passé ?

Vive
le Roi!
Le Roi
est Mort …

1997

IL ÉTAIT UNE FOIS UN PETIT VILLAGE DU SAGUENAY QUI FIT PARLER DE LUI PARTOUT SUR LA PLANÈTE EN INSTAURANT LA PREMIÈRE MONARCHIE MUNICIPALE D'AMÉRIQUE DU NORD. NOUS SOMMES EN 1997 ET LE NOUVEAU ROI S'APPELLE DENYS 1ER.

Cette curieuse idée d'une monarchie municipale à L'Anse-Saint-Jean n'est pas apparue spontanément. Denys Tremblay, un spécialiste en sculpture environnementale et professeur d'arts à l'Université du Québec à Chicoutimi, l'a en tête depuis quelque temps. Entre autres choses, il voit l'établissement d'une royauté comme un moyen d'aider à financer un grand projet qui lui tient à cœur : faire une fresque forestière du visage et de la main de saint Jean-Baptiste sur 1,2 km² d'un mont de la région.

Ce projet de fresque est né en 1992 lorsque la municipalité, voulant rentabiliser la station de ski du Mont-Édouard, cherche une façon d'y attirer les visiteurs toute l'année. Denys Tremblay est approché pour concevoir le projet, mais malgré toute la bonne volonté de la petite communauté de 1100 habitants, trouver le financement nécessaire au projet – environ un million de dollars – s'avère très difficile.

«Voulez-vous que *L'Illustre Inconnu* soit proclamé ROI MUNICIPAL DE L'ANSE-SAINT-JEAN avec mandat de promouvoir le projet SAINT-JEAN-DU-MILLÉNAIRE?».

OUI

NON

POUR VRAI ?

LÉGALEMENT AU QUÉBEC, RIEN N'EMPÊCHE UNE MUNICIPALITÉ DE TENIR UN RÉFÉRENDUM EN VUE DE L'ÉTABLISSEMENT D'UNE MONARCHIE MUNICIPALE.

Le Roi Denys 1er trônant lors de son couronnement le 24 juin 1997.

Au terme de l'été 1996, le contexte redevient favorable au projet. En juillet, un déluge a ravagé le Saguenay et toute la région s'en remet difficilement. À L'Anse-Saint-Jean, qui a vu près de 25 % de ses bâtiments détruits ou endommagés suite aux inondations, la relance économique est laborieuse et tout ce qui est susceptible de provoquer de la publicité, de relancer le tourisme et de résorber le chômage est plus que bienvenu. Le projet nommé « Saint-Jean-du-Millénaire » revient donc à l'agenda. Denys Tremblay, connu aussi sous le pseudonyme de l'Illustre Inconnu (nom du personnage sous lequel il pratique son art depuis plusieurs années), suggère à la municipalité son idée de monarchie pour reprendre la campagne de financement. Les candidats royaux ne frappant pas aux portes, Denys Tremblay se propose – enfin, il propose plutôt son alter ego. On consultera la population par voie référendaire : veut-elle proclamer l'Illustre Inconnu roi de L'Anse ? Ce n'est pas une élection, mais bien une proclamation puisqu'aucun autre candidat n'est en lice pour le poste de roi.

On rassure la population : des règles strictes entoureront l'implantation de ce nouveau système. Le nouveau roi n'aura aucun privilège, même pas un salaire ou une petite exemption de taxes. La monarchie n'engendrera aucune dépense provenant des coffres du Royaume municipal (à l'exception du 4000 $ que coûte le référendum). Et surtout, bien que le souverain soit nommé à vie, il pourra être destitué en tout temps, et ce, selon le bon vouloir de ses sujets.

3
Duchés

9
Comtés

21
Baronnies

Le couronnement a eu lieu à l'Église de L'Anse-Saint-Jean. La couronne et les autres artefacts du roi ont été conçus par des artisans de la région qui ont choisi volontairement de ne pas utiliser de métaux précieux.

On spécifie aussi que le maire et ses conseillers continueront de mener leurs responsabilités au sein de la municipalité, laissant ainsi un rôle plutôt symbolique au roi.

Après une campagne référendaire de quelques semaines, c'est le 21 janvier 1997, par une majorité de 73,9 %, que Denys Tremblay devient Denys 1er. Rapidement, les médias de la planète s'emparent de la nouvelle : le nouveau roi donne quelque 200 entrevues ; au Japon, en Russie, en Angleterre. Partout, on parle du royaume de L'Anse-Saint-Jean : une publicité sans précédent pour le petit village !

La vie s'organise tranquillement au Royaume. Ainsi, L'Anse-Saint-Jean compte maintenant 3 duchés, 9 comtés et 21 baronnies, dont tous les noms ont été approuvés par la Commission de toponymie du Québec. En ne perdant pas de vue l'objectif du financement du projet Saint-Jean-du-Millénaire, ces concessions sont mises en vente et chaque acheteur se voit octroyer le titre de noblesse qui se rattache à son nouveau territoire. En plus de devenir duc, comte ou baron, le propriétaire peut transmettre son titre d'une génération à l'autre, et ce, en toute légalité !

En plus de tout ça, il y a la mise sur pied d'une monnaie royale (nommée les « Del'Art de l'Anse »), la fabrication des bijoux de la couronne, une bière royale brassée dans la région (la Royale de l'Anse), un musée royal, un drapeau royal, une grande cérémonie de couronnement à l'église… L'Anse-Saint-Jean vit à fond sa royauté !

La Royale de l'Anse, une bière brassée dans la région en l'honneur du roi, permet de lever son verre à cette nouvelle monarchie municipale.

MAIS TOUT N'EST PAS PARFAIT DANS LE ROYAUME...

NUL N'EST PROPHÈTE EN SON ROYAUME

« L'ANSE-ST-JEAN, J'Y VAIS MAINTENANT LE MOINS POSSIBLE. QUAND JE SUIS PARTI, JE SUIS PARTI EN EXIL. JE SUIS PARTI EN EXIL CHEZ-MOI. »

LE ROI DENYS 1ER

L'arrivée en poste du roi Denys suscite son lot de critiques. Plusieurs détracteurs s'expliquent mal cette envie de monarchie. D'autres croient le roi mégalomane, alors que certains ont peur que L'Anse-Saint-Jean devienne la risée du Québec.

Toutefois, le financement du projet Saint-Jean-du-Millénaire prend forme et la nouvelle monarchie attire des retombées économiques sur la municipalité.

Cependant, comme dans toute bonne histoire de couronne, c'est de ses propres sujets que viendra le coup fatal. La municipalité annonce en 1999 l'octroi d'une subvention de 100 000 $ au projet de fresque forestière, ce qui cause l'indignation de plusieurs citoyens. Un nouveau conseil municipal est alors élu et dès son entrée en poste, celui-ci retire la subvention. C'en est trop pour le roi.

Denys 1er abdique après trois années de règne controversé, sous la pression de ses détracteurs et du manque d'appui à son grand projet de fresque. Alors qu'il y avait eu près de 1500 personnes et des médias du monde entier à son couronnement, Denys 1er renonce officiellement à son trône le 14 janvier 2000 au presbytère de L'Anse-Saint-Jean en présence du curé du village, de la mairesse et de deux citoyens.

Le roi Denys (on peut encore l'appeler roi, car on reste roi à vie), réside toujours au Saguenay-Lac-Saint-Jean, mais maintenant à une centaine de kilomètres de son ancien royaume.

La fresque végétale de Saint-Jean-du-Millénaire, telle que projetée pour rentabiliser la station de ski du Mont-Édouard.

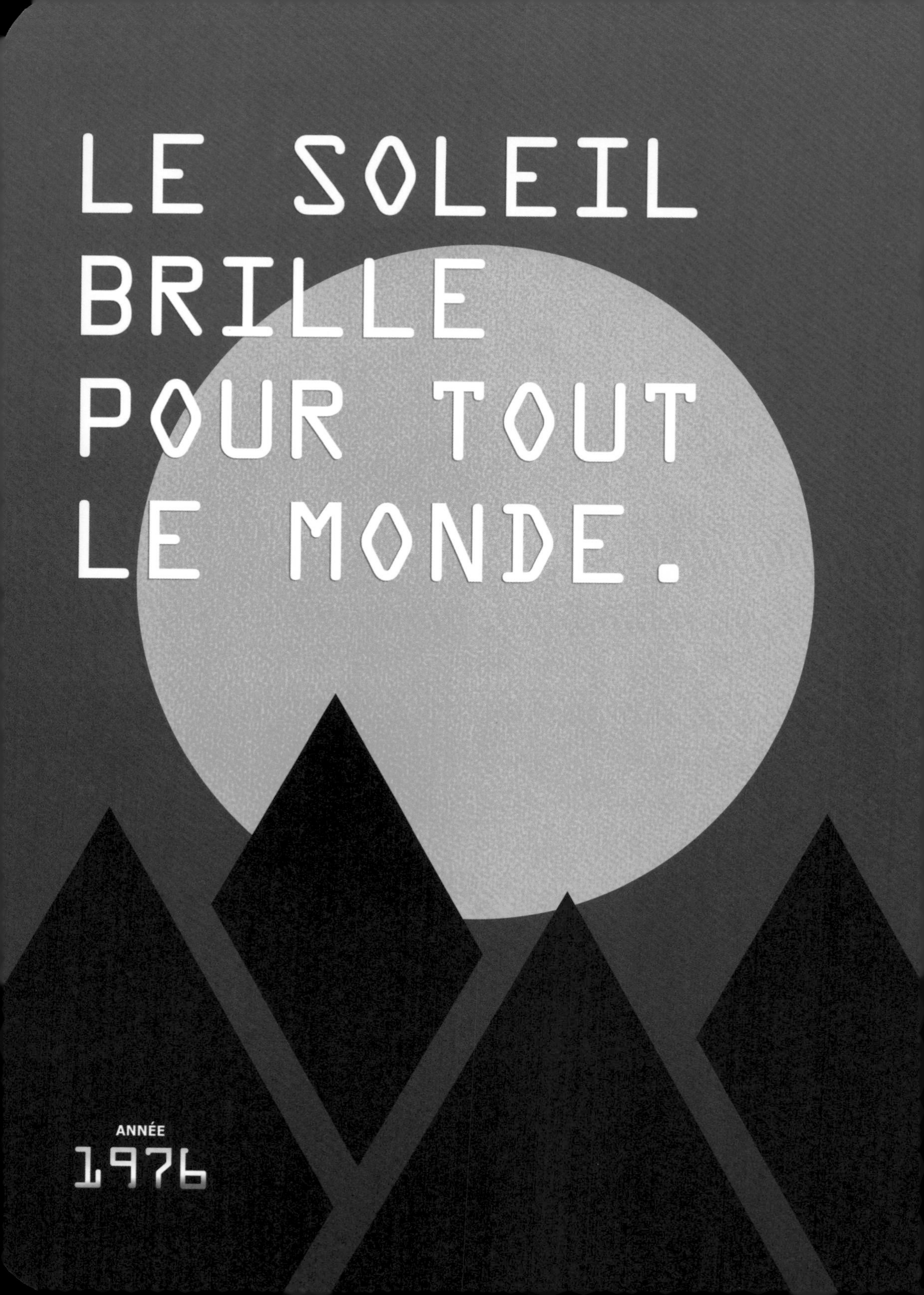
LE SOLEIL BRILLE POUR TOUT LE MONDE.
ANNÉE
1976

VOUS EN AVEZ CERTAINEMENT UNE DANS VOTRE PORTEFEUILLE. ADOLESCENT, VOUS L'AVEZ SORTIE LORSQUE VOUS VOUS ÊTES FAIT « CARTER » À L'ENTRÉE DES BARS. PLUS TARD, ELLE VOUS A TENU COMPAGNIE PENDANT DE LONGUES HEURES D'ATTENTE DANS LES CLINIQUES ET HÔPITAUX. ON N'Y PENSE PAS SOUVENT, MAIS ELLE OCCUPE UNE GRANDE PLACE DANS NOTRE VIE, DE LA NAISSANCE À LA TOUTE FIN : LA CARTE D'ASSURANCE MALADIE OU, COMME ON LA SURNOMME, LA CARTE SOLEIL™.

Pourtant, la Carte soleil™ n'a pas toujours été telle qu'on la connaît aujourd'hui. En fait, il s'agit de la deuxième version de la carte d'assurance maladie. À son lancement en 1970, la carte est entièrement blanche avec une fleur de lys bleue. Un peu moins « flamboyante », il va sans dire. Fait à noter, la carte de l'époque a alors une durée illimitée et sert à la famille entière. Le numéro familial d'assurance maladie s'inspire du numéro d'assurance sociale du chef de famille, bien souvent le père. Un système concevable dans les années 1970, mais qui serait devenu un véritable cauchemar avec les grands changements sociaux qui ont depuis déferlé sur la société québécoise – hausse des divorces, familles recomposées, etc. Imaginez le casse-tête !

La première carte d'assurance maladie lancée en 1970, suivie de celle revampée en 1976 par la firme Cossette, qui n'a jamais été retouchée depuis.

Heureusement, quelques années plus tard, le système se simplifie. En 1976, le gouvernement Bourassa effectue des changements majeurs au régime, en ajoutant notamment une date d'expiration sur la carte (elle est maintenant valide pour quatre ans) et un numéro unique à chaque individu. Dans la foulée, il demande à une firme publicitaire de revamper la carte.

C'est Louis F. Larivière, un des cofondateurs du Groupe Cossette, qui hérite du mandat. Plusieurs affirment que pour illustrer la carte, c'est dans ses propres albums familiaux qu'il aurait trouvé LA photo. L'histoire veut que ce soit son frère Robert qui ait pris le célèbre cliché lors d'un séjour à la pourvoirie du lac Faillon, près de la ville de Senneterre. Le coucher de soleil qui réside dans votre portefeuille viendrait donc directement de l'Abitibi-Témiscamingue ! Cependant, une tierce personne a depuis communiqué avec la Régie de l'assurance maladie du Québec pour indiquer être l'auteur de cette photo. Comme il est impossible de prouver hors de tout doute qui est le véritable auteur de la photographie (Louis Larivière étant décédé), la provenance de cette célèbre image et l'identité de son auteur resteront à jamais un mystère. Lors de la conception de la Carte soleil™, le gouvernement – représenté entre autres par le ministre de la Santé de l'époque, M. Claude Castonguay – choisit cette image de coucher de soleil parmi toutes celles proposées par l'équipe de M. Larivière. On souhaite ainsi associer un message positif et d'espoir à un objet qui sert dans des moments de souffrance et du même coup représenter l'assurance maladie sous l'angle de la guérison, de la prévention et du traitement. De plus, cette photo touche particulièrement les cordes sensibles de M. Castonguay, un amateur de nature et de pêche.

Depuis son dévoilement en 1976, le coucher de soleil sur la carte d'assurance maladie a marqué l'imaginaire collectif au point de laisser une trace tangible dans notre vocabulaire : la Carte soleil™. C'est probablement en raison de cette notoriété que le look de la carte d'assurance maladie n'a plus jamais été changé par la suite. On peut dire sans se tromper que c'est une photo qui a eu du… rayonnement !

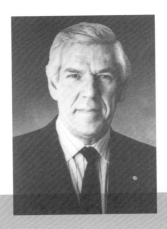

LA CASTONGUETTE
VUE PAR CASTONGUAY

ON A SURNOMMÉ « CASTONGUETTE » LA MACHINE QUI SERT À PRENDRE L'EMPREINTE DE LA CARTE D'ASSURANCE MALADIE – ET QUELQUES FOIS, LA CARTE ELLE-MÊME – ET CE, EN HOMMAGE AU MINISTRE DE LA SANTÉ DE L'ÉPOQUE QUI A IMPLANTÉ LE RÉGIME AU QUÉBEC, CLAUDE CASTONGUAY.

M. CASTONGUAY SE SOUVIENT DE SON PREMIER DISCOURS À L'ASSEMBLÉE NATIONALE : C'EST LORS DE CETTE ALLOCUTION QU'IL PRÉSENTE LE PROJET DE LOI SUR L'ASSURANCE MALADIE, UNE IDÉE QUI LUI TIENT À CŒUR. PEU HABITUÉ ENCORE AUX DISCOURS EN CHAMBRE, IL AVAIT PRÉPARÉ UN TEXTE QU'IL AVAIT PRÉVU LIRE MOT À MOT.

« QUAND JE ME SUIS LEVÉ EN CHAMBRE, JE LISAIS ET ÇA NE DEVAIT PAS ÊTRE TROP STIMULANT, J'IMAGINE… ASSEZ RAPIDEMENT, J'AI REÇU, VIA UN PAGE DE L'ASSEMBLÉE NATIONALE, UN MESSAGE ME DISANT : "SI VOUS CONTINUEZ SUR CE TON, LES ANESTHÉSISTES VONT VOUS ACCUSER DE CONCURRENCE DÉLOYALE." »

POUR UN DISCOURS SUR LA RÉFORME DU SYSTÈME DE SANTÉ, C'ÉTAIT UN AVERTISSEMENT DE CIRCONSTANCE ! LE MESSAGE VENAIT D'UN DÉPUTÉ DE L'OPPOSITION REMPLI D'HUMOUR, M. JEAN-NOËL TREMBLAY. LE MESSAGE A EU L'EFFET ESCOMPTÉ : M. CASTONGUAY S'EST RESSAISI ET A CONTINUÉ SON DISCOURS SUR UN TON PLUS VIGOUREUX !

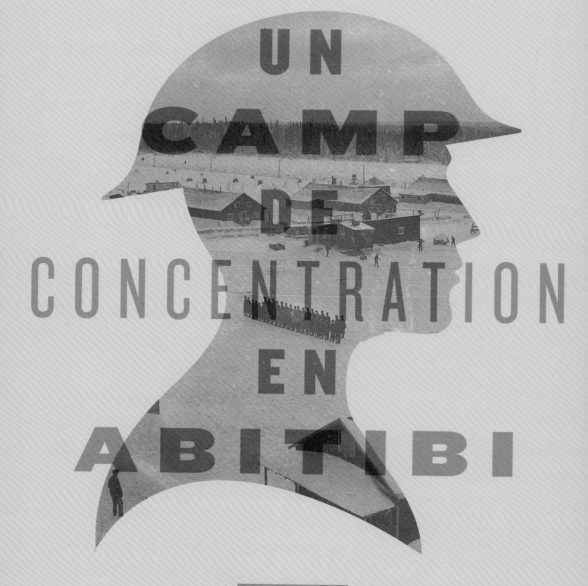

UN
CAMP
DE
CONCENTRATION
EN
ABITIBI

1914

CERTAINS PEUVENT AVOIR L'IMPRESSION QUE LA PREMIÈRE GUERRE MONDIALE NE S'EST JAMAIS RENDUE SUR LE TERRITOIRE QUÉBÉCOIS. POURTANT, À SPIRIT LAKE, EN ABITIBI, LES VESTIGES D'UN CAMP DE CONCENTRATION – AUSSI APPELÉ CAMP DE DÉTENTION – SONT LÀ POUR NOUS RAPPELER QUE LA GUERRE A FRAPPÉ ICI ÉGALEMENT.

Le premier conflit mondial débute en 1914 et lorsque le Canada entre en guerre pour appuyer le Royaume-Uni (le Canada dépend encore de l'Empire britannique pour ses politiques étrangères), une certaine nervosité plane sur le pays. Le gouvernement s'organise rapidement pour faire face à la nouvelle situation. On restreint quelques libertés civiles : les autorités peuvent maintenant arrêter, détenir, contrôler ou déporter toute personne pouvant représenter une menace potentielle pour le pays et des sanctions attendent les citoyens allant à l'encontre de l'effort de guerre.

C'est dans ce contexte de fébrilité que le gouvernement fédéral ordonne en octobre 1914 l'internement d'immigrants appartenant aux nationalités ennemies du Canada. Des ressortissants étrangers y échappent, mais ils doivent s'enregistrer régulièrement auprès de la police. Pour les autres, c'est la détention dans un des 24 camps canadiens spécifiquement désignés à cet effet, dont quatre sont au Québec. Ainsi, des Allemands

Le camp de Spirit Lake au cœur de l'hiver abitibien. Une prison pour plus d'un millier d'immigrants.

QUAND L'HISTOIRE SE RÉPÈTE

PENDANT LA DEUXIÈME GUERRE MONDIALE, ENCORE UNE FOIS DES CAMPS DE CONCENTRATION SONT IMPLANTÉS DANS LA PROVINCE, COMME DANS LE RESTE DU CANADA. CETTE FOIS-CI, OUTRE LES ALLEMANDS, CE SONT LES JAPONAIS ET LES ITALIENS QUI Y SONT DÉTENUS.

et des Austro-Hongrois (composés d'une majorité d'Ukrainiens) sont détenus dans ces camps. Ce ne sont pas des criminels de guerre au sens propre : ce sont des civils, résidant au pays mais n'ayant pas encore reçu la citoyenneté canadienne et dont le pays d'origine est le seul reproche qui leur soit fait. Pas besoin de preuve d'espionnage, ni d'être à la base d'un complot pour sabotage : peu importe la nature des liens qui les unissent à leur pays d'origine, c'est par « prévention » qu'on les détient.

Le camp de Spirit Lake en Abitibi est situé à quelques kilomètres d'Amos et est le plus gros camp au Québec. En tout, 1200 prisonniers s'y retrouvent, aux confins de l'Abitibi, durant les deux années de son fonctionnement, soit de 1915 à 1917. C'est aussi un des seuls camps au pays qui peut accueillir les familles des prisonniers. Puisque ce sont seulement les hommes qui sont détenus, le gouvernement offre aux familles de ces derniers d'être logées dans un village situé non loin du camp. En tout, c'est plus de 150 femmes et enfants qui se rendent en Abitibi de leur plein gré.

Le camp ressemble à un camp de concentration classique : une dizaine de baraques entourées de barbelés et de miradors. À l'intérieur de l'enceinte, les détenus ne sont pas confinés à des cellules et peuvent circuler librement. Mais le travail, lui, est structuré et supervisé par des gardes armés. Effectuées dans des conditions plutôt rudes, au milieu de l'hiver abitibien, ces corvées mettent les hommes à dure épreuve : on leur fait défricher des champs, couper du bois, construire des bâtiments sous le vent, le froid glacial et la neige à n'en plus finir. Heureusement, un petit salaire est alloué aux détenus. Mais ce qui reste le plus difficile pour les prisonniers, c'est la privation de liberté, au point qu'on rapporte quelques cas de folie déclarés entre les murs du camp.

En 1916, la situation change. Le gouvernement se trouve dans l'obligation de revoir ses politiques devant le manque flagrant de main-d'œuvre causé, entre autres, par la grande quantité d'hommes envoyés outre-mer. On libère alors

Les détenus travaillent à Spirit Lake sous la supervision de gardes armés. Pour leurs labeurs, la convention de La Haye leur garantit la même rémunération que celles des militaires canadiens.

Chaque baraque du camp
de Spirit Lake fait environ
185 mètres carrés et abrite
une centaine de détenus.

bon nombre de prisonniers des camps : ceux qui étaient, quelque temps auparavant, considérés comme des ennemis deviennent alors de précieux alliés pour faire rouler l'économie. Ironique, non ? Bien que les Allemands restent détenus jusqu'à la fin des camps (ils sont jugés trop à risque), on libère sur parole les prisonniers d'autres origines. Pour retrouver leur liberté, ceux-ci doivent promettre de ne pas s'enfuir et de se rapporter régulièrement à la police en plus de signer une déclaration d'obéissance et de loyauté aux lois canadiennes.

On ferme définitivement le camp de Spirit Lake le 28 janvier 1917, mais pour plusieurs immigrants arrivés avant la guerre dans le but de trouver ici une vie meilleure, le souvenir de cette époque restera longtemps une plaie vive.

Selon le dictionnaire *Larousse*, la définition des camps de concentration est : *Camps dans lesquels sont rassemblés, sous la surveillance de l'armée ou de la police, soit des populations civiles de nationalité ennemie, soit des minorités ethniques ou religieuses, soit des prisonniers de droit commun ou des détenus politiques.*

Les mots « camp de concentration » évoquent souvent de prime abord les camps nazis de la Deuxième Guerre mondiale – des camps d'extermination où plusieurs millions d'êtres humains ont été tués. Dans les camps de concentration canadiens, ni torture ni meurtre ne sont tolérés : le Canada est l'un des signataires de la convention de La Haye, une convention qui demande que les prisonniers de guerre soient traités de façon égale aux troupes militaires du pays qui les détient.

Parmi les 4 camps de concentration situés au Québec, il y a eu environ 40 tentatives d'évasion, majoritairement à Spirit Lake. Comme le camp était situé au milieu de la forêt, à des kilomètres du village le plus proche, peu de tentatives se sont soldées par un succès. Devant la rudesse du climat abitibien et la présence de mouches noires, certains évadés sont même revenus de leur propre chef frapper à la porte du camp... Sans DEET, on peut presque les comprendre !

UNE BIÈRE QUI TUE ?

1965

QUÉBEC, 24 AOÛT 1965. UN HOMME DANS LA FLEUR DE L'ÂGE EST ADMIS À L'HÔPITAL DANS UN ÉTAT GRAVE : VOMISSEMENTS, DOULEURS THORACIQUES, SOUFFLE COURT, TEINT GRIS-BLEU... RAPIDEMENT, LES MÉDECINS COMPRENNENT QUE C'EST LE CŒUR QUI EST ATTEINT, MAIS LA CAUSE, ELLE, DEMEURE UN RÉEL MYSTÈRE : IL S'AGIT D'UNE MALADIE JAMAIS VUE AUPARAVANT.

Les semaines passent et la situation dégénère : d'un cas qu'on croyait isolé, on parle maintenant d'une épidémie. En l'espace de quelques mois, 48 malades sont hospitalisés dans la ville de Québec, dont 20 décéderont des suites de cette maladie. Coïncidence ? Ces patients ont beaucoup plus en commun que leurs symptômes. Ils sont tous des hommes relativement jeunes, habitant Québec, en bonne santé avant la crise et... aimant beaucoup la bière. Et pas n'importe laquelle : la bière Dow, dont ils consoment chacun plus de trois litres par jour ! La Dow, une bière qui tue ?

Il faut dire que, dans les années 1960, la brasserie Dow est l'une des plus importantes du Québec. Elle possède environ 50 % de tout le marché brassicole de la province, et près de 85 % juste dans la région de Québec, laissant des marques comme Molson et O'Keefe loin derrière. Cet engouement de la Vieille Capitale pour la Dow s'explique entre autres par le fait que la brasserie possède deux usines sur le

ARME DE DESTRUCTION MASSIVE

LORSQUE DOW DÉCIDE DE RETIRER TOUS SES PRODUITS DU MARCHÉ, CELA PREND ENVIRON 10 JOURS POUR RÉCUPÉRER L'ENTIÈRETÉ DES BIÈRES DISPONIBLES À LA VENTE DANS LES ÉPICERIES, HÔTELS, RESTAURANTS ET TAVERNES DE L'EST DE LA PROVINCE.

ON RACONTE QUE, POUR DÉBOUCHER PLUS RAPIDEMENT LES DIZAINES DE MILLIERS DE BOUTEILLES RETIRÉES, LES EMPLOYÉS DE LA BRASSERIE ONT FABRIQUÉ DE FAÇON ARTISANALE UN OUVRE-BOUTEILLE QUI ENLÈVE CINQ BOUCHONS À LA FOIS...

C'EST SOUS LA SUPERVISION DES MINISTRES DE LA SANTÉ FÉDÉRAL ET PROVINCIAL QUE LA BIÈRE DOW EST JETÉE AUX ÉGOUTS : C'EST AINSI QUE 500 000 GALLONS DE BIÈRE SONT DÉVERSÉS... DANS LE FLEUVE !

Une publicité de Dow deux ans après le scandale, soit en 1967.

territoire québécois : une à Montréal, l'autre à Québec. Cette dernière est mise en vedette dans plusieurs campagnes de publicité destinées à la Vieille Capitale : la Dow est une bière brassée à Québec, par des Québécois, pour des Québécois. Cette stratégie marketing fonctionne et propulse la bière éponyme au rang de bière chouchou de Québec.

Mais revenons à cette fin d'été 1965. Les médecins font face à plusieurs cas de ce qu'on nomme la « myocardose des buveurs de bière québécois ». Après plusieurs recherches, il semble que cette maladie n'ait jamais été vue ailleurs dans le monde. L'équipe médicale est déroutée. Comme une des caractéristiques de cette maladie est l'aspect tigré que prend le muscle du cœur des gens atteints, on envoie des biopsies à plusieurs laboratoires médicaux de réputation internationale pour en identifier la cause. Tous les rapports reviennent avec le même constat : origine inconnue.

Autre fait troublant : la nouvelle n'est pas rapportée immédiatement par les médias. Certains avancent que l'affaire aurait volontairement été étouffée. Ce n'est que sept mois après le début de l'épidémie qu'une mystérieuse fuite met la CBC de Toronto au parfum de l'affaire et que la nouvelle éclate au grand jour. Les quotidiens du Québec s'emballent et plusieurs rumeurs se mettent à circuler. Bien qu'on avance publiquement que la consommation de bière serait peut-être responsable de l'épidémie, la Dow, quant à elle, n'est pas spécifiquement pointée du doigt par les médias.

"All my patients like it"

"EVERY PHYSICIAN APPRECIATES THE ADVANTAGE GIVEN BY A PLEASANT TASTE TO ANY PREPARATION. ESPECIALLY IS THIS SO IN THE CASE OF MALT EXTRACTS WHICH ARE RECOMMENDED TO THOSE PATIENTS WHO ARE APT TO TURN AGAINST DISTASTEFUL "DRUGGY" PREPARATIONS. THE DOW MALT EXTRACT, RICHEST IN BARLEY MALT AND FINE HOPS, IS A MOST TASTY, APPETISING BEVERAGE."

ON REQUEST TO THE DOW BREWERY, 32 CHABOILLEZ SQUARE, MONTREAL, A SAMPLE BOTTLE WILL BE FORWARDED FREE OF CHARGE TO ANY PHYSICIAN.

En mars 1967, le ministre provincial de la santé, Eric Kierans, déclare que la brasserie soupçonnée (elle ne sera pas nommée) a subi une inspection rigoureuse et que la bière qui y est produite n'est aucunement contaminée. Il y a un suspect ? Le public veut un nom ! Malgré l'émoi collectif, les autorités ne confirment rien. Curieusement, le lendemain, la brasserie Dow annonce qu'elle suspend sa production de bière jusqu'aux conclusions de l'enquête officielle et qu'elle détruira son inventaire existant. La brasserie pense qu'en faisant ainsi ouvertement preuve de prudence et de bonne foi – même si son nom n'est pas officiellement associé à l'affaire dans les médias –, elle rassurera sa précieuse clientèle. Les médias, et bien sûr l'opinion publique, interprètent cette déclaration comme un aveu de culpabilité. C'est le début de la fin pour la Dow.

Pour ajouter au faux pas, une information incriminante fait surface : la Dow de Québec semble contenir un ingrédient secret...

Dans cette publicité datant d'avant 1965, Dow vante ses produits auprès des médecins.

La bière Dow telle qu'elle est en 1965.

en grande quantité. La brasserie de la Vieille Capitale aurait mis dans sa bière 10 fois plus de sel de cobalt – une enzyme qui, lorsqu'ajoutée à la bière, favorise la production de mousse et aide à parfaire le collet – que dans sa bière de Montréal. Pour plusieurs, le sel de cobalt est la réponse à l'énigme de cette mystérieuse maladie.

Suite à ce scandale, le Canada finit par interdire cette enzyme dans la fabrication de la bière. Aucun autre cas de myocardose des buveurs de bière québécois ne se présente après la mise en place de cette mesure. Coïncidence ?

Le rapport officiel d'enquête affirme, pour sa part, qu'il n'y a aucun lien entre les décès rapportés dans les médias et la bière Dow. Qui plus est, le brasseur n'a jamais confirmé l'utilisation de sel de cobalt dans sa production. Pourquoi la brasserie Dow écope-t-elle de ce scandale, alors que certains croient que d'autres brasseries auraient probablement utilisé la même enzyme ? Autre fait à soulever : pourquoi retrouve-t-on des cas de myocardose des buveurs québécois seulement dans la ville de Québec alors que la bière de la brasserie de la Vieille Capitale était distribuée partout dans l'est de la province ? Le mystère plane toujours...

Malgré l'absence d'une conclusion présentant hors de tout doute un lien entre les décès et la bière Dow, cette histoire causera la perte de la brasserie, qui sera vendue à O'Keefe l'année suivant le scandale. La bière Dow continuera d'être produite, et même de gagner quelques prix, mais elle ne sera plus jamais la reine des bières au Québec : ses ventes déclinent et la Dow cesse finalement d'être brassée en 1998, soit près de 33 ans après le début de l'épidémie.

SANS FAIRE D'HISTOIRE

JOIE · SANTÉ · BONHEUR

Les vœux de la brasserie Dow
de Québec pour Noël 1960.
Prémonitoires ?

LE
BROUHAHA
— DE LA —
TOILETTE
SILENCIEUSE

1999

En 1999, *The Gazette* frappe fort en révélant en page frontispice de son édition du 19 octobre que Pauline Marois, alors ministre de la Santé sous le gouvernement Bouchard, dépense plus de 400 000 $ pour des travaux de rafraîchissement de ses bureaux. Ce qui frappe le plus l'imaginaire collectif (et crée beaucoup de tapage) est l'installation d'une luxueuse toilette insonorisée ainsi que d'une douche de modèle « impérial », et ce, à même les deniers publics. Les blagues et jeux de mots douteux fusent de toutes parts et font le régal des opposants au gouvernement en place. Au cabinet de la ministre, on se défend en rappelant que les bureaux n'ont pas été rénovés depuis une trentaine d'années, que les toilettes sont juste à côté de la salle de réunion et que des douches sont monnaie courante pour les ministres qui effectuent de longues heures supplémentaires. On ne manque pas aussi de souligner que le chef de l'opposition, Jean Charest, a rafraîchi son bureau au coût de 82 000 $.

DOUCHE FROIDE

EN 2012, CERTAINS REMETTENT EN QUESTION LE COÛT DES ACCESSOIRES DE SALLE DE BAIN CHOISIS PAR LE MINISTÈRE DE L'AGRICULTURE, DES PÊCHERIES ET DE L'ALIMENTATION QUI A AMÉNAGÉ 10 DOUCHES DANS SES BUREAUX... AVEC DES RIDEAUX À 146 $ CHACUN ! LES TOILETTES MINISTÉRIELLES N'ONT PAS FINI DE NOUS ÉTONNER.

La caricature de Serge Chapleau, à propos d'une toilette qui fait parler d'elle.

Reste que cette dépense de la ministre de la Santé est sévèrement jugée par l'opinion publique, qui la considère comme frivole, dans un contexte où les salles d'urgence débordent, les infirmières viennent de terminer une grève de plusieurs semaines et la dette provinciale ne cesse d'augmenter. Une décision dont les principaux intéressés se lavent les mains !

LE 1ER SEPTEMBRE 1939, LA POLOGNE EST ENVAHIE PAR LES NAZIS. POUR ÉVITER QUE LE TRÉSOR DE LA COURONNE NE TOMBE ENTRE LES MAINS ENNEMIES, LE GOUVERNEMENT ÉVACUE À LA HÂTE LES PRÉCIEUSES ŒUVRES D'ART DE VALEUR INESTIMABLE. APRÈS UN PÉRIPLE DE QUELQUES ANNÉES DANS LE MONDE, C'EST FINALEMENT AU CANADA QUE SERA HÉBERGÉ LE TRÉSOR DE LA COURONNE POLONAISE QUI, EN 1945, ABOUTIT AU QUÉBEC.

Les années de guerre ont changé beaucoup de choses en Pologne. Un nouveau gouvernement émerge à la fin de la Deuxième guerre mondiale, prend le pouvoir et demande au Canada de récupérer son patrimoine national.

Le hic, c'est que ce nouveau gouvernement polonais est communiste, et que Maurice Duplessis, notre premier ministre, est un des plus farouches opposants aux « rouges ». Rendre les trésors à des communistes ? Jamais ! Il est prêt à tout faire en son pouvoir pour que cela ne se produise pas.

En 1948, les autorités polonaises, aidées de la GRC, retrouvent la trace des trésors. À ce moment, ils sont entreposés chez les sœurs de l'Hôtel-Dieu de Québec, à Québec même. Les trésors étaient auparavant conservés à Sainte-Anne-de-Beaupré, mais ils avaient

ENRAYER LE COMMUNISME DANS L'ŒUF

DUPLESSIS N'AIME PAS LE COMMUNISME, PEU IMPORTE OÙ IL SE TROUVE. EN 1956, UNE PUBLICITÉ DE L'UNION NATIONALE, LE PARTI DE DUPLESSIS ALORS EN PLEINE CAMPAGNE ÉLECTORALE, PARAÎT DANS LES JOURNAUX AVEC UN DRÔLE DE TITRE : « LES QUÉBÉCOIS FORCÉS DE MANGER DES ŒUFS COMMUNISTES ! » ELLE DÉNONCE L'IMPORTATION DE LA POLOGNE DE MILLIERS « D'ŒUFS COMMUNISTES » ET ÉGRATIGNE AU PASSAGE GEORGES-ÉMILE LAPALME DU PARTI LIBÉRAL DU QUÉBEC ET LES LIBÉRAUX D'OTTAWA. EN CLAMANT QUE CE SONT « 300 000 DOUZAINES D'ŒUFS QUE NOS CULTIVATEURS NE VENDRONT PAS », DUPLESSIS SOUHAITE INSISTER SUR L'INSENSIBILITÉ DES LIBÉRAUX ENVERS LES AGRICULTEURS QUÉBÉCOIS. IL EN PROFITE AUSSI POUR LAISSER PLANER L'OMBRE D'UNE AFFILIATION ENTRE LES LIBÉRAUX ET LES PAYS COMMUNISTES. DUPLESSIS SERA FINALEMENT RÉÉLU HAUT LA MAIN. À CAUSE DES ŒUFS COMMUNISTES ? DIFFICILE À DIRE. L'ŒUF OU LA POULE ?

été déplacés en cachette juste avant qu'ils ne puissent être récupérés par leurs propriétaires. Cette fois-ci, les Polonais sont bien décidés à ne pas les laisser filer ! La GRC visite l'Hôtel-Dieu à quelques reprises, mais la permission de récupérer les trésors ne leur est pas accordée. Offensé, le représentant au Canada du ministère des Affaires étrangères de Pologne envoie une lettre menaçante à la sœur supérieure de la communauté religieuse. Celle-ci est prise au dépourvu et décide de se tourner vers nul autre que… Maurice Duplessis.

Duplessis fait donc rapidement déplacer les trésors vers un autre endroit tenu secret. Pour ce faire, il demande à son garde du corps, Walter Duchesnay, de piloter la spectaculaire évacuation. Pour éviter tout soupçon, rien de mieux que de faire ça au grand jour, non ? Ce sont donc huit hommes de la police provinciale, des hommes de confiance habillés en civil, qui arrivent à l'Hôtel-Dieu dans des camions du ministère des Travaux publics banalisés. En se faisant passer pour des employés de l'hôpital, ils transfèrent les caisses contenant les trésors au nez des quelques agents de la GRC qui surveillent l'Hôtel-Dieu.

À partir de ce moment, les trésors sont conservés sous clé et surveillés 24 heures sur 24, dans une des chambres fortes désaffectées du musée provincial, aujourd'hui le Musée national des beaux-arts du Québec, sur les plaines d'Abraham. On rapporte même que la serrure de la pièce aurait été changée et que seul le garde du corps Duchesnay en connaissait la combinaison.

Maurice Duplessis prend
le micro. Ici en 1950.

La vieille partie de l'Hôtel-Dieu de Québec, en 1944, quelques années avant qu'elle héberge les précieux trésors polonais.

DE GRANDES CITATIONS

PRONONCÉES PAR LE CHEF LUI-MÊME:

« ÉLECTEURS, ÉLECTRICES, ÉLECTRICITÉ ! »

« LA MEILLEURE ASSURANCE CONTRE LA MALADIE, C'EST LA SANTÉ. »

« TOUT LE MONDE N'EST PAS FAIT POUR ÇA. L'INSTRUCTION, C'EST COMME LA BOISSON, IL Y EN A QUI NE LA PORTENT PAS. »

En raison du refus obstiné de Duplessis de rendre à la Pologne ses joyaux, celle-ci augmente la pression diplomatique sur le gouvernement fédéral pour qu'une solution soit trouvée. Duplessis ne cache pas son objection. Il fait des gorges chaudes du « gouvernement usurpateur de Pologne » et va même jusqu'à traiter les ministres fédéraux qui travaillent sur ce dossier de « collaborateurs des communistes ». Il laisse aussi entendre, à tort, qu'il y a parmi les trésors des objets appartenant à l'archidiocèse catholique de Cracovie et qu'il ne peut remettre en toute conscience ces éléments catholiques à un « gouvernement sans dieu » – comprendre ici communiste. L'affaire prend une dimension internationale en 1949 lorsque le gouvernement polonais étend la problématique jusqu'aux Nations Unies. Il distribue aux différentes délégations présentes un pamphlet dont le titre est assez évocateur : *Le Canada refuse de rendre à la Pologne ses richesses culturelles*. Le Canada est embarrassé, mais Duplessis ne bronche pas. Il restera sur ses positions… jusqu'à la fin de sa vie.

Ce n'est qu'après sa mort que les trésors pourront retrouver leur Pologne. Mais un dénouement simple n'aurait pas fait honneur à cette saga : le retour a été parsemé d'embûches. Suite au décès de Duplessis en septembre 1959, le nouveau premier ministre Paul Sauvé met cet épineux dossier dans ses priorités, voulant le régler le plus rapidement possible. Cependant, il ne pourra faire grand-chose, car il meurt subitement au début de l'année 1960. Antonio Barrette, son remplaçant, souhaite lui aussi régler le dossier rapidement. Mais c'est sans succès : il perd ses élections au mois de juin 1960. C'est au début de l'hiver suivant que Jean Lesage, maintenant en poste, fait débloquer le dossier et que les trésors peuvent repartir vers leur pays d'origine. C'était en 1961, seize ans après leur arrivée au Québec.

Les relations entre le Québec et la Pologne ont eu beaucoup de difficulté à se remettre de cet incident. Cependant, en signe de bonne foi, les trésors ont été prêtés à Québec en 2001 pour une exposition au Musée national des beaux-arts. Et cette fois-ci, ils ont été rendus à la Pologne dans les temps prévus.

UN HOMME MINUTIEUX

CE N'EST PAS PARCE QUE DUPLESSIS NE VOULAIT PAS RENDRE LES TRÉSORS À LA POLOGNE QU'IL N'ALLAIT PAS S'EN OCCUPER COMME IL SE DOIT : TOUT AU LONG DE LEUR DÉTENTION, IL AUTORISA À RAISON DE DEUX FOIS PAR ANNÉE QUE SOIENT FAITS LES TRAITEMENTS DE CONSERVATION NÉCESSAIRES AUX TRÉSORS, COMPOSÉS DE TABLEAUX DE MAÎTRES, DE TAPISSERIES ANCIENNES ET D'OBJETS DATANT DES 16E ET 17E SIÈCLES.

DE RETOUR À LA MAISON !
L'ARRIVÉE DES TRÉSORS
EN POLOGNE EN 1961.

LE FEU
LAURIER
PALACE

1927

LE TEMPS EST CLÉMENT ET ENSOLEILLÉ EN CE 9 JANVIER 1927 : UNE JOURNÉE PARFAITE POUR PROFITER DES SPORTS D'HIVER. POURTANT, LA REPRÉSENTATION D'APRÈS-MIDI DU LAURIER PALACE – UN POPULAIRE CINÉMA DE 1100 PLACES, RUE SAINTE-CATHERINE – EST PRESQUE COMPLÈTE.

Cinq cents personnes sont assises au parterre et près de 300 enfants prennent place au balcon. La comédie à l'écran fait le bonheur de l'assistance, qui rit aux éclats. Un après-midi bien ordinaire qui, en quelques minutes, tournera au cauchemar...

Tout se déroule sans anicroche jusqu'au moment où un peu de fumée apparaît dans la salle. Rapidement, quelques-uns crient « Au feu ! » et la panique s'empare de la foule. Les gens cherchent à quitter la salle à tout prix. Alors que ceux du parterre arrivent facilement à la sortie, au balcon, il en est tout autrement. Il n'y a que deux escaliers permettant de rejoindre le rez-de-chaussée et les enfants s'affolent et s'y précipitent dans un désordre total. Alors qu'un employé prend en charge l'évacuation par l'un des escaliers, le chaos règne dans le second. Les enfants se bousculent, trébuchent, tentent de passer les uns par-dessus les autres. Rapidement, la bousculade se termine en chute jusqu'au bas de l'escalier où un obstacle de taille les attend : la porte donnant sur le hall s'ouvre vers l'intérieur de l'escalier. Le bouchon humain formé par les enfants compactés sur la porte

Le Laurier Palace juste après l'incendie qui a coûté la vie à 78 enfants.

empêche celle-ci d'ouvrir. L'affolement est tel qu'une centaine d'enfants finissent par chuter et s'empiler les uns sur les autres. Plusieurs ont rapporté que cet amas de corps s'est élevé jusqu'à un pied du plafond du premier palier de l'escalier.

Les pompiers et les policiers arrivent rapidement au cinéma. En entendant les cris et les pleurs des enfants qui paniquent, en train d'étouffer, les secours font passer l'incendie en seconde priorité. On tente désespérément de libérer les enfants, mais impossible d'ouvrir la porte. Les pompiers utilisent donc une solution radicale : on défonce le mur de briques extérieur. Une dizaine d'enfants sont dégagés par le trou créé, mais la plupart sont trop coincés et entremêlés aux autres pour être sortis de cette façon. Les secours se faufilent donc jusque sous l'escalier pour l'ouvrir à la hache et à la scie. L'escalier cède et on peut enfin atteindre les enfants...

Trop tard. Soixante-dix-huit enfants sont morts, piétinés et asphyxiés. Ils sont tous âgés de 4 à 18 ans. On sort les corps un à un sur le trottoir où des prêtres leur administrent les derniers sacrements. Le bruit court rapidement jusqu'aux parents – la majorité de l'assistance provient du quartier Hochelaga où se trouve le cinéma – et ceux-ci arrivent en courant et en hurlant, cherchant désespérément leur progéniture. Subitement, tout le quartier est en deuil : il y a peu de rues qui n'ont pas un enfant à pleurer.

L'image des funérailles, où des dizaines de petits cercueils blancs sortent de l'église un à la suite de l'autre, restera marquante pour beaucoup de gens. Le Québec en entier est sous le choc. On procède à l'arrestation du propriétaire de la salle ainsi que de trois de ses employés. Ils seront accusés de négligence. La loi stipule que les enfants de moins de 16 ans ne peuvent être admis au cinéma que s'ils sont accompagnés d'un adulte : seulement trois des jeunes victimes étaient, ce jour-là, venues en compagnie d'un adulte.

Le clergé, appuyé par de nombreuses associations, en profite pour reprendre sa lutte contre le cinéma, qu'il juge immoral. Des personnes insinuent que l'incendie est une punition divine contre ceux qui s'amusent le dimanche, alors que d'autres souhaitent mettre en garde les parents contre le danger du cinéma. Le journal *Le Devoir* publie les résultats d'une enquête qui abonde dans ce sens. On conclut que le cinéma ruine la santé des enfants, affaiblit leurs poumons, nuit à leurs études en plus d'exciter les désirs immoraux. Pour contrer cette calamité, le clergé réclame auprès du gouvernement le durcissement des lois entourant l'âge d'accès au cinéma et l'abolition, sans distinction, de toutes les projections du dimanche.

De son côté, le gouvernement met sur pied une enquête publique pour tirer l'affaire au clair. Cette enquête conclut que les causes de l'incendie étaient accidentelles, probablement

QUAND LE DESTIN FAIT DE L'IRONIE MACABRE

CET APRÈS-MIDI-LÀ, C'EST UN PROGRAMME COMPOSÉ DE COURTS-MÉTRAGES ET DU FILM *UPSTAGE* DE MONTA BELL QUI EST PRÉSENTÉ. IRONIQUEMENT, C'EST LE COURT-MÉTRAGE *GET'EM YOUNG* QUI EST À L'ÉCRAN LORSQUE LA PANIQUE MORTELLE SURVIENT. LE TITRE, EN FRANÇAIS, SIGNIFIE *PRENDS-LES JEUNES*.

LE BALCON DU
LAURIER PALACE
APRÈS L'INCENDIE.

DE MAUVAIS GOÛT

LE CHANTEUR HERCULE LAVOIE A POPULARISÉ, SUITE À L'INCIDENT, UNE CHANSON QUI SE VOULAIT PROBABLEMENT RÉCONFORTANTE À L'ÉGARD DES PARENTS ÉPLORÉS ET DONT UN DES VERS DU REFRAIN VA COMME SUIT : « IL FALLAIT DES ANGES AU PARADIS, C'EST VOTRE ENFANT QUE LE CIEL A CHOISI… »

DE SON CÔTÉ, LE PÈRE ARMAND CHOSSEGROS S'EST INSPIRÉ DE L'ÉVÉNEMENT POUR ÉCRIRE LE POÈME *LE CINÉMA CORRUPTEUR*, DONT VOICI UN EXTRAIT :

Hercule Lavoie

Fuis les sombres climats qui rendent le teint blême,
Fuis l'air du cinéma qui mine peu à peu.
Fuis les souffles brûlants qui dessèchent les roses,
Et jettent les blancs lys en un mortel coma,
Fuis les vents imprégnés de germes de névrose,
Garde ton âme blanche et fuis le cinéma.

une cigarette mal éteinte ou échappée sur le sol (car on pouvait fumer dans les cinémas à l'époque – en fait, on pouvait fumer partout). Mais surtout, le rapport propose plusieurs recommandations de sécurité qui seront adoptées et qui restent encore en vigueur aujourd'hui, comme des portes de sortie qui s'ouvrent obligatoirement vers l'extérieur et munies de barres antipaniques. Une seule revendication de l'Église est consentie et officialisée par une loi gouvernementale : l'accès aux cinémas est dorénavant strictement interdit aux jeunes de moins de 16 ans, accompagnés ou pas. Cette loi sera

SUR CET EMPLACEMENT
78 ENFANTS ONT PÉRI
DANS L'INCENDIE DU
LAURIER PALACE
LE 9 JANVIER 1927

mise en application pendant une quarantaine d'années, soit jusqu'à la Révolution tranquille, où on la remplacera par des catégories d'âge données selon chaque film. Dans ses conclusions, le rapport prend aussi le temps de statuer que le cinéma du dimanche est un loisir tout à fait acceptable et qu'il n'y a aucune raison d'en priver les citoyens.

Le Laurier Palace est maintenant démoli, mais encore aujourd'hui, en se baladant dans le quartier Hochelaga, on peut voir la plaque commémorative de cet incendie sur le lieu même où était situé le feu Laurier Palace.

Sur l'ancien site du Laurier Palace dans le quartier Hochelaga de Montréal se trouve maintenant une église. Une plaque commémorative de la tragédie y a été installée sur sa devanture.

1984

« LA GUERRE,
LA GUERRE,
C'EST PAS
UNE RAISON
POUR SE
FAIRE
MAL »

1984 EST UNE ANNÉE PARTICULIÈREMENT MOUVEMENTÉE AU QUÉBEC : GAÉTAN BOUCHER GAGNE TROIS MÉDAILLES EN PATINAGE DE VITESSE AUX JEUX OLYMPIQUES DE SARAJEVO, LES GRANDS VOILIERS ENTRENT DANS LE PORT DE QUÉBEC PENDANT L'ÉTÉ, CÉLINE DION CHANTE *UNE COLOMBE* POUR LE PAPE À MONTRÉAL... MAIS 1984, C'EST AUSSI L'ANNÉE DU TOURNAGE D'UN FILM QUI DEVIENDRA CULTE POUR BIEN DES ENFANTS QUÉBÉCOIS : *LA GUERRE DES TUQUES.*

La guerre des tuques raconte l'histoire de deux clans d'enfants rivaux qui s'affrontent pendant les vacances de Noël : un des gangs construit un fort, alors que l'autre l'attaque. Avec l'hiver québécois en toile de fond et de grandes émotions vécues par les protagonistes, ce film pour enfants (l'un des premiers au Québec) a été un succès chez nous, mais aussi partout dans le monde. Il a été vendu dans plus de 125 pays.

Saviez-vous que les trois têtes d'affiche, soit Maripierre A. D'Amour (l'interprète de Sophie Tremblay), Cédric Jourde (Luc Chicoine) et Julien Elie (Pierre, le propriétaire de la chienne Cléo) sont passés à deux poils de ne pas faire partie de l'aventure ?

Cédric Jourde et Maripierre A. D'Amour lors du tournage à Baie-Saint-Paul.

À l'automne 1983, le réalisateur du film André Melançon et la coscénariste et directrice de *casting* Danyèle Patenaude entreprennent une tournée des écoles primaires à la recherche de perles rares pour interpréter les 18 rôles d'enfants de *La guerre des tuques*. En tout, ils rencontrent 3000 enfants. Leur méthode est simple : ils discutent avec les classes qu'ils visitent puis retiennent les élèves qui ont attiré leur attention pour un rôle en particulier. Ceux-ci sont ensuite invités à passer une audition.

Grâce à la mère d'un de ses amis, Maripierre, 10 ans, apprend avant tout le monde qu'il y aura un repérage à son école. Cette femme a une compagnie de traitement de texte et s'occupe de recopier à la dactylo (oui, oui, les ordinateurs ne sont pas très répandus) le scénario de *La guerre des tuques*. Au cours de la lecture de celui-ci, elle s'étonne de la ressemblance entre Sophie Tremblay et la petite Maripierre. Elle en parle sans trop de sérieux à cette dernière – qui, elle, garde le commentaire en tête. Quand Melançon et Patenaude arrivent dans son école, Maripierre est convaincue qu'elle se fera remarquer, car le rôle de Sophie, c'est elle ! Malheureusement, elle n'est pas sélectionnée pour l'audition et c'est un coup dur... Un peu pour racheter sa bévue, la mère de son ami en glisse un mot à Danyèle Patenaude, qui accepte de convoquer Maripierre à une rencontre. Reprenant son assurance, la jeune fille se présente gonflée à bloc à son audition. En sortant de la salle,

DIDACTIQUE
LE PREMIER TITRE DU FILM, AVANT D'ÊTRE REMPLACÉ PAR *LA GUERRE DES TUQUES*, A ÉTÉ *LE CHÂTEAU DE NEIGE*.

Luc Chicoine (Cedric Jourde)
dirige son armée.

LA RECETTE DES BOULES DE NEIGE À L'ENCRE

LA SCÈNE DES BOULES DE NEIGE À L'ENCRE EST UNE DES PLUS ICONIQUES DU FILM. POUR ARRIVER À CE RÉSULTAT, LES ACCESSOIRISTES ONT DÛ FAIRE DES TONNES DE TESTS. FINALEMENT, ILS METTENT LE DOIGT SUR LA BONNE TECHNIQUE : CE SONT DES COQUILLES D'ŒUF VIDÉES PUIS REMPLIES DE COLORANT QU'ON RECOUVRE ENSUITE DE NEIGE. SI VOUS REGARDEZ ATTENTIVEMENT LA SCÈNE, VOUS POURREZ VOIR QUELQUES MORCEAUX DE COQUILLES QUI TRAÎNENT SUR LES HABITS DE NEIGE DES PROTAGONISTES. MAIS ATTENTION, À NE PAS ESSAYER À LA MAISON : LES BOULES À L'ENCRE, ÇA TACHE POUR VRAI !

Maripierre dit à sa mère : « C'est bon, cette fois-ci, je suis certaine de l'avoir. » Et effectivement, quelques semaines plus tard, Maripierre reçoit un appel : elle sera Sophie.

L'école de Cédric, 11 ans, a aussi été visitée, mais lui non plus ne s'est pas fait remarquer. Quelque temps après, une amie commune de Danyèle Patenaude et des parents de Cédric les met en contact, car la production cherche toujours un interprète pour le personnage de Luc Chicoine. Danyèle Patenaude vient donc rencontrer Cédric un samedi matin, chez lui. Son meilleur ami, Julien Elie (ils sont dans la même classe de sixième année), a dormi chez lui la veille et est encore sur place lorsque Danyèle arrive. Elle tombe sous le charme des deux garçons et les convoque en audition pour le même rôle, celui de Luc. Cédric remportera le rôle et son ami Julien deviendra Pierre.

En février 1984, le tournage est à la veille de débuter et tout a été planifié pour qu'il ait lieu en banlieue de Montréal. Mais un petit détail complique les choses : l'hiver ne coopère pas. Une semaine avant le tournage, un redoux majeur s'abat sur la région. Toute la neige fond... Pour un film qui se passe en grande partie dehors et qui met en scène des batailles de boules de neige, ça ne fonctionne pas très bien. On doit trouver un plan B, et vite !

Un des membres de la production part donc en repérage à travers la province en quête d'un lieu où il y a de la neige. Il trouve l'emplacement idéal qui est... à quelques heures de Montréal.

SANS FAIRE D'HISTOIRE

AMENER UN PEU DE SOI À SON PERSONNAGE

EN VUE DU TOURNAGE, LES COSTUMIÈRES ONT PRÉPARÉ POUR CHACUN DES PERSONNAGES UN COSTUME DE NEIGE SPÉCIFIQUE AVEC TOUS LES ACCESSOIRES AGENCÉS. À SA PREMIÈRE JOURNÉE, MARIPIERRE OUBLIE DE METTRE LA TUQUE QUI LUI A ÉTÉ ASSIGNÉE. PLUSIEURS SCÈNES SONT TOURNÉES AVANT QUE QUELQU'UN S'APERÇOIVE QU'ELLE PORTE SA PROPRE TUQUE ! TROP TARD POUR RECULER, MARIPIERRE DOIT DONC LA PORTER POUR LE RESTE DU TOURNAGE : LA TUQUE DE SOPHIE DANS LE FILM EST DONC LA VÉRITABLE TUQUE DE LA COMÉDIENNE.

Maripierre A. D'Amour, et sa propre tuque, dans le rôle de Sophie Tremblay.

Une chance qu'il y a de la neige à Baie-Saint-Paul... Le fort sous (la dernière) attaque.

Les 18 enfants du film doivent quitter leur famille, direction Baie-Saint-Paul dans Charlevoix où ils tourneront pendant plus d'un mois.

À l'auberge où ils logent tous, ça bouge beaucoup. La vie entre les prises ressemble étrangement au film : entre les enfants, des gangs rivales se forment, teintées par les relations entre les différents personnages du film. C'est la fiction qui devient réalité. Imaginez un groupe de préados, loin de leur maison, vivant tous sous le même toit et qui manquent l'école pour faire un film... Ça fait des coups pendables ! Tellement que la nounou accompagnant les jeunes acteurs démissionne en cours de route.

BAISER VOLÉ

QUI NE SE SOUVIENT PAS AVEC FRISSON DE LA SCÈNE DU BAISER
ENTRE LUC ET SOPHIE ? EH BIEN, LE BISOU N'ÉTAIT PAS AU SCÉNARIO !
C'EST ANDRÉ MELANÇON QUI A EU L'IDÉE DE L'AJOUTER À LA
DERNIÈRE MINUTE.

POUR TOURNER CETTE SCÈNE PAR UNE NUIT GLACIALE, L'ÉQUIPE
CONVOQUE LES DEUX COMÉDIENS, SEULS. LE RÉALISATEUR EXPLIQUE
AUX ENFANTS LE DÉROULEMENT DE LA SCÈNE, DONT L'AJOUT DU
BAISER. CÉDRIC, QUI INTERPRÈTE LUC, REFUSE DE PRIME ABORD. IL
A PEUR DE FAIRE RIRE DE LUI PAR LES AUTRES ENFANTS DU FILM.
MARIPIERRE, QUI JOUE SOPHIE, N'EST PAS À L'AISE NON PLUS : ELLE
NÉGOCIE QUE LA SCÈNE TOURNÉE RESTE UN SECRET. L'ÉQUIPE DE
PRODUCTION ACCEPTE. LES AUTRES COMÉDIENS VERRONT LA VRAIE
FINALE DE LA SCÈNE SEULEMENT LORS DE LA PREMIÈRE DU FILM.

expo67

Mettre les petits plats dans les grands

1967. ALORS QUE LA RÉVOLUTION TRANQUILLE BAT SON PLEIN AU QUÉBEC, LES YEUX DU MONDE SONT RIVÉS SUR MONTRÉAL, VILLE HÔTESSE DE L'EXPOSITION UNIVERSELLE. POUR S'Y PRÉPARER, LA MÉTROPOLE A MIS LE PAQUET : ON A CRÉÉ DE TOUTES PIÈCES L'ÎLE NOTRE-DAME, CREUSÉ LE MÉTRO, CONSTRUIT 82 KM DE ROUTE, PLANTÉ 186 000 ARBUSTES ET PLANTES… DES PRÉPARATIFS AU COÛT FARAMINEUX DE 430 MILLIONS DE DOLLARS.

Tout est prêt et parfait pour recevoir les 50 millions de visiteurs qui viendront à Montréal pendant les six mois de l'Expo… Tout, sauf un petit détail incontrôlable : alors qu'approche la grande ouverture du 27 avril, le printemps tarde à arriver. Par conséquent, le gazon de la place des Nations où aura lieu la cérémonie d'ouverture est jaune. Horreur ! On doit trouver une solution. L'horticulteur en chef de la Ville, un certain Pierre Bourque (oui, le même qui deviendra maire plus tard), a l'idée de déjouer Dame nature et de… peindre la pelouse d'un beau vert printanier.

Bien que le subterfuge ait fonctionné le temps de la cérémonie d'ouverture, le gazon n'a pas apprécié ce petit traitement de beauté. Il a fallu le remplacer après quelques jours, la peinture ayant brûlé les pousses jusqu'à la racine. De quoi faire mentir le proverbe qui dit que le gazon est toujours plus vert chez le voisin.

Une exposition universelle, ça attire beaucoup de monde. Et qui dit tourisme, dit hébergement. Au Québec, on prend ce volet au sérieux. Gabriel Loubier, ministre du Tourisme, de la Chasse et de la Pêche, résume à l'époque le sentiment de responsabilité hospitalière qui anime la belle province : « Le Québec est devenu une "Auberge internationale au service de l'univers". »

DES LOGE-MENTS TEMPO-RAIRES...

Est-ce que les campings, hôtels et chambres chez l'habitant existants arriveront à combler la demande des nombreux visiteurs ? Selon les prévisions, certainement pas ! C'est ainsi que germe l'idée de la mise sur pied de motels temporaires, c'est-à-dire dont la démolition est planifiée à la fin de l'Expo. On rivalise d'imagination pour leur conception, certains allant même jusqu'à utiliser d'anciennes baraques militaires achetées à l'armée, d'autres convertissant des maisons jumelées en complexe hôtelier.

Même si elle connaît de beaux succès, l'aventure des motels temporaires est parsemée d'écueil : certains tiennent plus du taudis que du 5 étoiles.

Par exemple, un motel temporaire de 200 chambres devait être construit à Brossard sur la rive sud de Montréal. Dans une publicité diffusée mondialement, on annonçait un motel confortable et moderne prêt à héberger les visiteurs de l'Expo 67. Mais la construction n'a jamais commencé. Pour honorer ses réservations, le promoteur a plutôt installé, à

VISAS

VISAS

Pour visiter, on devait avoir un passeport de l'Expo.

la place du motel, un amas de maisons mobiles hétéroclites, sans douches, et entre lesquelles se trouvaient des égouts à ciel ouvert. Il semblerait que la plupart des visiteurs soient repartis sans prendre possession des clés de leur roulotte.

Le Canadiana 67 Motel a aussi eu son lot de clients insatisfaits. Ce motel se présentait dans ses publicités comme un établissement de première classe, alors que les plaintes des visiteurs le décrivaient plutôt comme un motel fait en planches de contreplaqué.

LOIN DES YEUX, LOIN DU CŒUR

L'organisation de l'Expo doit se parer à toute éventualité. Des statistiques compilées par le bureau du Service du bien-être social de Montréal concernant le nombre de disparitions lors des précédentes expositions universelles permettent d'évaluer à 7200 le nombre d'enfants qui s'égareront pendant la durée de l'Expo. Six moniteurs et une infirmière sont sur place en permanence pour les prendre en charge et des tableaux électroniques (une nouveauté!) permettent d'indiquer sur le site le nom des enfants perdus et ainsi aviser les parents le plus rapidement possible. Mais gare à ceux qui voudraient abuser du système : après plus de deux heures au centre, l'organisation charge 0,50 $ de l'heure aux parents de l'enfant égaré, en plus des frais des repas dispensés. L'expérience vécue dans les autres événements du genre a prouvé que certains parents « appréciaient » le traitement des enfants égarés : les parents « abandonnaient » donc discrètement leur progéniture pour la reprendre une fois la visite terminée. Dans la même recherche datant des années 1960, le bureau a relevé une autre statistique très intéressante. Après les enfants, il semble que ce soit les belles-mères qui sont le plus à risque de se perdre. Avis à ceux qui aimeraient passer un dimanche tranquille, loin de la belle-famille!

SIMPLE COMME BONJOUR !

Les Québécois sont reconnus pour leur hospitalité et leur amabilité. Il nous faut donc être à la hauteur de notre réputation, surtout lors d'un événement aussi prestigieux qu'une exposition universelle. Le gouvernement du Québec lance en 1967 une campagne visant à rappeler à la population l'importance d'être courtois, agréable et poli. « L'opération Bonjour » à pour but à augmenter le nombre de salutations tant aux visiteurs qu'entre les citoyens. Pour motiver les troupes, on envoie même à travers le Québec des dépisteurs pour repérer les 50 citoyens se démarquant le plus par leur chaleureuse politesse. Ceux-ci gagnent une invitation spéciale du premier ministre à visiter l'Expo toutes dépenses payées.

La campagne est si sérieuse que le ministre du Tourisme, de la Chasse et de la Pêche du Québec de l'époque, M. Gabriel Loubier, déclare publiquement que tout gardien de barrière des parcs gouvernementaux qui ne saluerait pas d'un « bonjour » les touristes serait suspendu pour une période indéterminée.

Durant cette période, il n'y a pas que les habitants de la province qui laissent une impression durable aux visiteurs : les 250 hôtesses sur le site de l'Expo aussi. Celles-ci, âgées de 18 à 24 ans, bilingues (ou plus !) et très éduquées, jouent un rôle de premier plan durant cet événement. Triées sur le volet parmi près de 1500 candidatures, leur rôle est de diriger et de renseigner les visiteurs. Pour ce faire, elles ont reçu une formation rigoureuse : leçons de maintien et de protocole, premiers

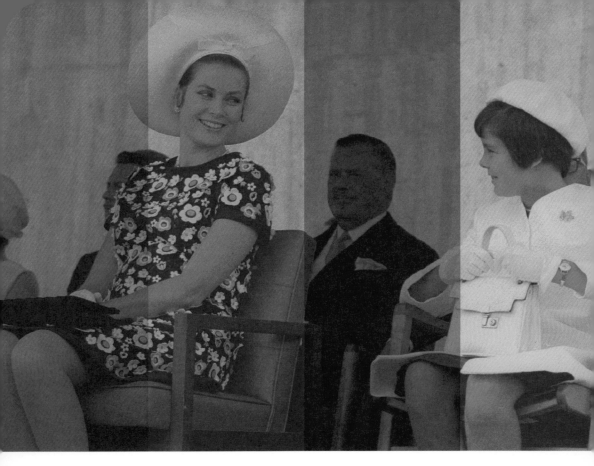

De la grande visite à
l'Expo 67 : la princesse
Grace de Monaco et sa
fille Caroline.

soins ainsi que cours d'histoire et de géographie.
L'image qu'elles projettent est aussi scrutée à la
loupe. Selon le *Guide des hôtesses* : « Une hôtesse
en uniforme ne doit pas : danser, consommer
de boissons alcooliques, fumer, mâcher de la
gomme ou porter des verres fumés en fonction
officielle. » Mais ces jeunes femmes sont pour
l'Expo bien plus que des hôtesses : elles sont une
représentation de la femme à laquelle la société
de l'époque n'est pas encore habituée. Des
femmes belles, cultivées, bien mises, curieuses,
qui permettent de faire éclater les stéréotypes.

L'Expo 67 fut bien plus pour le Québec qu'une simple exposition de quelques mois. Toutefois, personne ne pouvait anticiper l'onde de choc qu'elle provoquerait.

En 1967, le Québec sort tout juste des années très conservatrices de Duplessis et vit encore sous le joug de l'Église. Une grande partie de la population adulte est peu scolarisée, la notion de profit est méprisée par la religion catholique, les voyages outre-mer ne sont pas monnaie courante et le métissage culturel est quasi inexistant. Bien que bouillonne la Révolution tranquille, le Québec est refermé sur lui-même.

L'Exposition universelle de Montréal ouvre ses portes sous le thème de Terre des hommes. Près de 90 pavillons attendent les visiteurs sur ce site enchanteur, au beau milieu du fleuve. Passeport en main, chacun peut partir à la découverte : on y parle de nouveautés technologiques, on y présente les incontournables culturels des 62 pays réunis, on y goûte – souvent pour la première fois – des pitas libanais, des gaufres belges, du caviar russe et même des sushis japonais. Les touristes sont sidérés par l'accueil des Québécois et les Québécois sont sidérés d'accueillir le monde entier. En l'espace de six mois, on a pu apprendre, s'émerveiller, se divertir, sans les œillères religieuses. On a vu et connu des choses qui n'avaient jamais été accessibles auparavant. Et grâce à cette rencontre, le Québec est devenu terre du monde.

S'OUVRIR ENFIN SUR LE MONDE, S'OUVRIR SUR NOTRE MONDE

BIBLIOGRAPHIE ET SOURCES PAR ANECDOTE

BEAUCOUP DE BRUIT... POUR DIRE OUI !

Entrevue de Hugh Mason, fils du Révérend Leonard Mason, accordée à Anne De Léan, 14 mars 2014.

Entrevue de la Révérende Diane Rollert de l'Église Unitarienne de Montréal, accordée à Anne De Léan, 27 février 2014.

COLLARD, Edgar Andrew, EDDIS, Charles, SPEYER, Elizabeth. *Montreal's Unitarians 1832-2000*, Montréal, Unitarian Church of Montreal editions, 2001, 332 p.

GUSSOW, Mel. « Elizabeth Taylor, 1932-2011 : A Lustrous Pinnacle of Hollywood Glamour », *The New York Times*, 23 mars 2011.

JOHNSTON, David. « Elizabeth Taylor and Richard Burton married in Montreal », *The Montreal Gazette*, 20 mai 2011.

LEOPOLD, Todd. « Elizabeth Taylor Dead at 79 », *CNN.com*, 23 mars 2011.

MINISTÈRE DE LA JUSTICE. « Dates importantes de l'histoire du droit civil du Québec » (en ligne, page consultée en février 2014), http://www.justice.gc.ca/fra/apd-abt/gci-icg/hist/index.html

WOO, Elaine. « Elizabeth Taylor dies at 79 : legendary actress » *Los Angeles Times*, 24 mars 2011.

UN ESPION ALLEMAND EN GASPÉSIE

Entrevue de Sandra Beebe, petite fille de Earl Annett, accordée à Anne De Léan, 18 avril 2014.

ANCIENS COMBATTANTS CANADA. *La bataille du golfe du Saint-Laurent*, Série du Souvenir, Sa Majesté la Reine du chef du Canada, 2005.

BEEBY, Dean. *Cargo of Lies, The True Story of a Nazi Double Agent in Canada*, Toronto, University of Toronto Press, 1996, 214 p.

CBC/RADIO-CANADA. *Les espions venus de la mer*, documentaire réalisé par Peter John Ingles, déc. 2008, 52 min.

FALLU, Jean-Marie. *Une histoire d'appartenance*, Sainte-Foy, Les Éditions GID, 2001.

SOUCY, Gilles. « Un espion à New Carlisle », *Revue Gaspésie*, Vol. 30, n° 1 (117), Mars 1992, p. 21-23.

TURBIDE, Sophie. « Werner Alfred Waldemar Von Janowski : l'espion de New Carlisle », *CyberMagazine Patrimoine de la Gaspésie* (en ligne, page consultée en janvier 2014), http://gaspesie.quebecheritageweb.com

VENNAT, Pierre. « Sous-marins allemands dans les eaux québécoises » *Histomag'44*, n° 77, mai et juin 2012, p. 16-18.

LE CRIME QUI PAIE

Entrevue d'Alain Lacoursière, ex-enquêteur spécialisé dans les crimes relatifs à l'art, accordée à Anne De Léan et Jacinthe Laporte, 31 mars 2014.

ARCHIVES DE RADIO-CANADA.CA. *Le crime parfait*, (en ligne, page consultée en février 2014), http://archives.radio-canada.ca/societe/criminalite_justice/clips/5010/

GERMAIN, Georges-Hébert. *Un musée dans la ville : une histoire du Musée des beaux-arts de Montréal*, Montréal, Éditions Musée des beaux-arts de Montréal, 2007, p. 141-143.

MOTTARD, Élisa. « Le vol du 4 septembre 1972 », blogue *La Réserve... de la collection au musée*, 17 février 2012 (en ligne, page consultée en février 2014), http://juliebuduroi.wordpress.com/

NOS AÏEULES, MÈRES INDIGNES ?

BÉDARD, Éric. *L'histoire du Québec pour les nuls*, Paris, Éditions First-Gründ, 2012, 394 p.

LACOURSIÈRE, Jacques. *Histoire populaire du Québec, 1896-1960, Tome 4*, Sillery, Éditions du Septentrion, 1997, 411 p.

LOIS DU QUÉBEC. chapitre 81, *Loi instituant l'assistance aux mères nécessiteuses*, sanctionnée le 14 avril 1937.

MOREL, Sylvie. « La transformation des obligations de travail pour les mères touchant l'assistance sociale : quels enseignements tirer pour les féministes ? », *Lien social et Politiques*, Numéro 47, printemps 2002, p. 171-186.

UNIVERSITÉ DE SHERBROOKE. « Sanction de la Loi d'assistance aux mères nécessiteuses », site internet *Bilan du siècle* (en ligne, page consultée en décembre 2013), http://bilan.usherbrooke.ca/bilan/pages/evenements/575.html

LINTEAU, Paul-André, DUROCHER, René, ROBERT, Jean-Claude et RICARD, François. *Histoire contemporaine du Québec. Tome II, Le Québec depuis 1930*, Montréal, Éditions Boréal, 1989, 834 p.

TOUT FEU TOUT FLAMME

Entrevue de Paul Houde, animateur télé et quatrième porteur de la flamme olympique de 1976, accordée à Anne De Léan et Jacinthe Laporte, 2 avril 2014.

ARCHIVES DE RADIO-CANADA.CA. *La flamme arrive à Montréal* (en ligne, page consultée en septembre 2013), http://archives.radio-canada.ca/sports/olympisme/clips/7628/

COLLECTIF. *Montréal 76 : les Jeux olympiques d'été, Montréal*, pro Sport Canada Publications LTÉE, collectif, 1976, 200 p.

COLLECTIF. *Official Report of the Games of the XXIst Olympiad*, vol. I, COJO, 1978, 618 p.

VILLE DE MONTRÉAL. « Jeux de la XXIe Olympiade de Montréal 1976 » (en ligne, page consultée en septembre 2013), http://ville.montreal.qc.ca/portal/page?_pageid=3056,3513999&_dad=portal&_schema=PORTAL

SITE OFFICIEL DU MOUVEMENT OLYMPIQUE. *Montréal 1976*, (en ligne, page consultée en septembre 2013), http://www.olympic.org/fr/montreal-1976-olympiques-ete

UN OVNI À SAINT-ROBERT ?

Entrevue de Pierre Lacombe, directeur du Planétarium de Montréal, accordée à Anne De Léan, 4 mars 2014.

BROWN, P., HILDEBRAND, A. R., GREEN, D. W. E., PAGÉ, D., JACOBS, C., REVELLE, D., TAGLIAFERRI, E., WACKER, J, et WETMILLER, R. « The Fall of the St-Robert Meteorite : Meteoritics », *Meteoritics & Planetary Science*, vol. 31, 1996, p. 502-517.

THE METEORITICAL SOCIETY. *St-Robert*, (en ligne, page consultée en janvier 2014) http://www.lpi.usra.edu/meteor/metbull.php?code=23733

PAGÉ, Robert. CCMI, « La chute de météorite de St-Robert », sur le site MIAC-CCMI (en ligne, page consultée en février 2014), http://miac.uqac.ca/rob-f.htm

VIVE LE QUÉBEC... LIIIBRE !

BÉDARD, Éric. *L'histoire du Québec pour les nuls*, Paris, Éditions First-Gründ, 2012, 394 p.

COLLECTIF. *De Gaulle au Québec*, les Éditions Actualité, 1967. Compilation des articles de presse entourant l'évènement.

GUILLAUME, Sylvie. « Le général de Gaulle et le Québec », *Espoir,* n° 70, 1990.

LACOURSIÈRE, Jacques. *Histoire populaire du Québec, 1960-1970, Tome 5*, Sillery, Éditions du Septentrion, 1997, 456 p.

PEYREFITTE, Alain. *De Gaulle et le Québec,* Montréal, Stanké, 2000, 184 p.

TAINTURIER, Jean. *De Gaulle au Québec, Le dossier des quatre journées*, Montréal, Éditions du Jour, 1967, 119 p.

THOMPSON, Dale. *Vive le Québec libre*, Toronto, Deneau, 1988, xii, 329 p.

UNE GRAVE ERREUR DE CALCUL

L'HÉBREUX, Michel. *Le Pont de Québec*, Sillery, Éditions du Septentrion, 2008, 303 p.

TESSIER, Yves. *Histoire du Québec, d'hier à l'an 2000*, Montréal, Guérin Dossiers Collégiaux, 1994, 312 p.

SOCIÉTÉ DES SEPT GARDIENS. « L'anneau de fer martelé » (en ligne, page consultée en juillet 2013), http://www.joncmontrealring.com/Default.aspx?page=anneau&langue=fr % 20 : et « L'engagement de l'ingénieur », http://www.aegep.phy.ulaval.ca/oldht-docs/diplomes/jonc.pdf

ST-PIERRE, Jacques. *Les malheurs d'une époque, 1859-1979*, Les Publications du Québec, 2010, 204 p.

LE SILENCE DES MOTS

SOCIÉTÉ RADIO-CANADA, *Biographie de Michel Chartrand*, série documentaire *Biographie : lumière sur...*, (en ligne, page consultée en janvier 2014), http://biographie. radio-canada.ca/personnalites/michel-chartrand

FOISY, Fernand. *Michel Chartrand, les voies d'un homme de parole*, Montréal, Lanctôt Éditeur, 1999, 301p.

VERDUN, VILLE SÈCHE

ARCAND, Denis. « Verdun la sèche se mouille », *La Presse*, Montréal, samedi 22 juin 1996.

CENTRE D'HISTOIRE DE MONTRÉAL. « Un toast à l'histoire ! » (en ligne, page consultée en 2013), http://ville.montreal.qc.ca/portal/page_pageid=2497,3090507&_dad=portal&_schema=PORTAL

DÉZIEL, Julien. *Histoire de Verdun 1665, 1876, 1976*, Montréal, Comité du centenaire, 1976, 237 p.

GRAVEL, Denis. *Verdun, 125 d'histoire 1875-2000*, Ville de Verdun, 2000, 318 p.

LACOURSIÈRE, Jacques. *Histoire populaire du Québec, 1896-1960*, Tome 4, Sillery, Éditions du Septentrion, 1997, 411 p.

LE COZ, Nathalie. *Découvrir le Bas-Saint-Laurent : nature et culture*, Saint-Laurent, Éditions Fides, 2007, 221 p.

PERRAULT, L. J. et CHAMPAGNE, S. « Pas d'alcool, un point c'est tout », *La Presse*, Montréal, 4 mai 2005.

VILLE DE MONTRÉAL. « Prohibition dans Verdun » (en ligne, page consultée en 2013), http://ville.montreal.qc.ca/portal/page?_pageid=8637,96325588&_dad=portal&_schema=PORTAL

EN AVOIR PLEIN SON TRUXX !

Entrevue de Michel Girouard, chroniqueur, accordée à Anne De Léan et Jacinthe Laporte, 3 juin 2014.

DAOUST, Valérie. *La régulation sociale des minorités sexuelles, l'inquiétude de la différence*, Québec, Presse de l'Université du Québec, 2011, 258 p.

DROUIN, Roger. « Un coup dur pour les bars de la rue Stanley », *Le journal de Montréal*, lundi 24 octobre 1977, vol. XIV, n° 132, p. 5.

GIROUARD, Michel. « In His Own Words, Les mariages gais, oui, mais... », *The Montreal Gazette*, dimanche 14 septembre 2003, p. B5.

THIBAULT, Sylvie. *L'homosexualité : du péché à la reconnaissance sociale, État des origines et du développement de la réponse de la société occidentale à l'homosexualité masculine*, Centre de recherche en intervention sociale, Université du Québec en Outaouais, février 2010, 28 p.

SOCIÉTÉ RADIO-CANADA. *Le mariage gai en France, un débat qui date au Québec* (en ligne, page publiée dimanche 27 janvier 2013 et consultée en mars 2014), http://www.radio-canada.ca/nouvelles/societe/2013/01/27/001-france-quebec-mariage-gai.shtml

SOCIÉTÉ RADIO-CANADA. *Les gais sortent de l'ombre (1969-1979),* documentaire de la série *Tout le monde en parlait*, réalisé par Johanne Ménard, 2008.

HITCHCOCK DANS LES RUES DE QUÉBEC

Entrevue de Renée Hudon, actrice dans le film *I Confess*, accordée à Anne De Léan, 16 avril 2014.

BOISVERT, Nicole M. et TAJUELO, Telesforo. *La saga des Interdits, la censure cinématographique au Québec*, Outremont, Libre Expression, 2006, 351 p.

DESJARDINS, Philippe. Quand Hitchcock est venu tourner à Québec (article en ligne du 20 juillet 2009, page consultée en janvier 2014) *L'Actualité*, http://www.lactualite.com/culture/quand-hitchcock-est-venu-tourner-a-quebec/

HÉBERT, Pierre, LANDRY, Kenneth et LEVER, Yves. *Dictionnaire de la censure au Québec*, Anjou, Éditions Fides, 2006, 715 p.

INTERNET MOVIE DATABASE. « Fiche du film *I Confess* », www.imdb.com

LE CINÉMA AU QUÉBEC, AU TEMPS DU PARLANT, 1930-1952, *Hollywood au Québec*, (en ligne, page consultée en janvier 2014), http://www.cinemaparlantquebec.ca/Cinema1930-52/pages/textbio/Textbio.jsp?textBioId=38&lang=fr

PARENT, OLIVIER. « Confessions d'un tournage hitchcockien », (article en ligne du 18 août 2012, page consultée en 2014), http://www.lapresse.ca/le-soleil/arts-et-spectacles/cinema/201208/16/01-4565773-confessions-dun-tournage-hitchcockien.php

NAGER SUR L'AUTOROUTE DÉCARIE

ARCHIVES DE RADIO-CANADA.CA. *C'est le déluge !* (en ligne, page consultée en février 2014), http://archives.radio-canada.ca/environnement/catastrophes_naturelles/clips/1205/

BERNIER, Conrad. « Les dégâts évalués à $100 millions », *La Presse*, 103e année, n° 262, 17 juillet 1987, à la Une.

BILODEAU, Emmanuel. « Les sinistrés pourraient bien devoir payer la note », *La Presse*, 103e année, n° 261, 16 juillet 1987, p. A2.

CLIMAT Canada. « Rapport de données quotidiennes pour juillet 1987 » (en ligne, page consultée en 2014), http://climate.weather.gc.ca/climateData/dailydata_f.html?-timeframe=2&Prov=QUE&StationID=5420&dlyRange=1871-07-01 % 7C1993-03 31&Year=1987&Month=7&Day=01

CLIMAT QUÉBEC. « Faits climatiques marquants du 20e siècle au Québec » (en ligne, page consultée en 2014), http://www.climat-quebec.qc.ca/home.php?id=p24&mpn=ev_mto_sig

ENVIRONNEMENT Canada. *Chaos à Montréal – 1987* (en ligne, page consultée en 2014), http://www.ec.gc.ca/eau-water/default.asp?lang=Fr&n=C0122DA3-1#Section2

SANS FAIRE D'HISTOIRE

COLLECTIF, « Montréal inondé ! », *Le journal de Montréal*, vol. XXIV, n° 31, mercredi 15 juillet 1987, p. 2-4.

LA PRESSE CANADIENNE. « Des inondations causent de nombreux problèmes à Montréal », *Le Devoir* (en ligne, page publiée 29 mai 2012 et consultée en février 2014), http://www.ledevoir.com/societe/actualites-en-societe/351179/des-inondations-causent-de-nombreux-problemes-a-montreal

PÉPIN, André. « La région de Montréal déclarée zone sinistrée », *La Presse*, 103e année, n° 262, 17 juillet 1987, à la Une.

YOUPPI ! UNE MASCOTTE SANS LIMITES

LES CANADIENS DE MONTRÉAL. « Youppi ! Biographie et historique » (en ligne, page consultée en août 2013), http://canadiens.nhl.com/club/l_fr/page.htm?id=59277

DOUCET, Jacques, ROBITAILLE, Marc. *Il était une fois les Expos, tome 1 : les années 1969-1984*, Montréal, Éditions Hurtubise, 2009.

WIKIPÉDIA. « Youppi ! » (en ligne, page consultée en août 2013), http://fr.wikipedia.org/wiki/Youppi !

UN ENTÊTE À L'AVANTAGE D'UN ENTÊTÉ

BÉLANGER, Guy. *Alphonse Desjardins 1854-1920*, Sillery, Éditions du Septentrion, 2012, 688 p.

BERTRAND, Réal. *Alphonse Desjardins*, collection Célébrités canadiennes, Outremont, Lidec Inc., 1983, 64 p.

DESJARDINS. « Notre histoire, notre musée » (en ligne, page consultée en novembre 2013), http://www.desjardins.com/fr/a_propos/profil/histoire/faits-historiques.jsp

ST-PIERRE, Majella. *Alphonse Desjardins, entrepreneur*, Charlesbourg, Éditions Transcontinental Inc, collection Entreprendre, 2001, 193 p.

TESSIER, Yves. *Histoire du Québec, d'hier à l'an 2000*, Guérin Dossiers Collégiaux, 1994, 312 p.

ROBY, Yves. *Alphonse Desjardins et les caisses populaires*, Montréal, Fides, 1964, 149 p.

BON COP, BAD COP

GERMAIN, Jean-Claude. *Le feuilleton de Montréal, tome 3 1893-1992*, Montréal, Stanké, 1993, 453 p.

LÉVESQUE, Andrée. « Éteindre le Red Light : les réformateurs et la prostitution à Montréal entre 1865 et 1925 », *Revue d'histoire urbaine*, vol. 17, n. 3, 1989, pp. 191-201.

PROULX, Daniel. *Le Red Light de Montréal*, collection Études québécoises, Montréal, VLB Éditeur, collection Études québécoises, 1997, 83 p.

RÉSEAU CANADIEN D'INFORMATION SUR LE PATRIMOINE ET MUSÉE VIRTUEL. « Histoire des sciences judiciaires au Canada : Le hold-up de la banque d'Hochelage (affaire Morel) » (en ligne, page consultée en janvier 2014), http://www.museevir-tuel-virtualmuseum.ca/edu/ViewLoitDa.do ; jsessionid=C6734227D80F7601ACAF4F-3B15A828C2 ?method=preview&lang=FR&id=4474

DES EFFORTS DE GUERRE... VERTS !

ANCIENS COMBATTANTS CANADA. « Les femmes et la guerre » (en ligne, page consultée en décembre 2013), http://www.veterans.gc.ca/fra/remembrance/history/second-world-war/historical-sheets/women

AUGER, Geneviève, LAMOTHE, Raymonde. *De la poêle à frire à la ligne de feu : la vie quotidienne des Québécoises pendant la guerre 39-45*, Montréal, Boréal Express, 1981, 232 p.

BÉDARD, DEMERS et FORTIN. *Québec – Héritages et projet*, Laval, Éditions HRW Ltée, 1994, 502 p.

JOURNÉE DU PATRIMOINE 2008. « Les femmes pendant la Deuxième Guerre mondiale » (en ligne, page consultée en novembre 2013), http://www.journeesdupatrimoine.ca/op-Fichier/les_femmes_pendant_la_deuxieme_guerre_mondiale_fphTx5T2Jdsr_9876.pdf

ROACH PIERSON, Ruth. « Les Canadiennes et la Deuxième Guerre mondiale », sur le site *Sur tous les fronts : la seconde guerre mondiale et l'ONF* (en ligne, page consultée en décembre 2013), http://www3.onf.ca/seconde-guerre/front-interieur/les-femmes-et-la-guerre.htm?article=18789&subtype=articles

VIVE LE ROI ! LE ROI EST MORT...

Entrevue de Denys Tremblay, dit Denys Premier, roi de L'Anse-Saint-Jean, accordée à Anne De Léan, 27 février 2014.

ARCHIVES DE RADIO-CANADA.CA. *Denys Ier de L'Anse* (en ligne, page consultée en octobre 2013), http://archives.radio-canada.ca/societe/celebrations/clips/3974/

COLLECTIF. « *Saint-Jean-du-Millénaire* », *Espace Sculpture*, n° 27, 1994, p. 51.

FISCHER, Hervé. *Un roi américain*, Montréal, VLB Éditeur, 2009, 219 p.

TREMBLAY, Denys. « Candidat » (en ligne, consulté en août 2013), www.roidelanse.qc.ca/candidats.html

LE SOLEIL BRILLE POUR TOUT LE MONDE

Entrevue de Claude Castonguay, ex-ministre de la Santé, accordée à Anne De Léan, 16 décembre 2013.

MALTAIS, Bruno. « Le régime public, d'hier à aujourd'hui », sur le site internet *Radio-Canada.ca* (en ligne, page publiée le 29 octobre 2010 et consultée en juillet 2013), http://ici.radio-canada.ca/nouvelles/societe/2010/10/29/003-40ans_ass_maladie_historique.shtml

COLLECTIF. « Décès de Louis F. Larivière », *Infopresse,* 14 mars 2008 (en ligne, page consultée en juillet 2013), http://www.infopresse.com/archive/index/26083

MACADAM TRIBUS. *Isabelle Roberge raconte l'histoire de la carte-soleil*, Première chaîne de Radio-Canada, 4 avril 2009.

POURVOIRIE DU LAC FAILLON. « Un coucher de soleil familier ? » (en ligne, page consultée en juillet 2013), http://www.pourvoiriedulacfaillon.com/Fr/Notre%20 carte%20soleil.htm

RAMQ. « Historique » (en ligne, page consultée en juillet 2013, mais modifié depuis), http://www.ramq.gouv.qc.ca/fr/regie/Pages/historique.aspx

UN CAMP DE CONCENTRATION EN ABITIBI

BIBLIOTHÈQUE ET ARCHIVES CANADA. « Les camps d'internement au Canada durant les Première et Seconde Guerres mondiales » (en ligne, page consultée en novembre 2013), https://www.collectionscanada.gc.ca/le-public/005-1142.27-f.html

DUPRÉ, Sylvain et DROLET, Ghislain. « Spirit Lake : quelques notes sur la démocratie en temps de conflit mondial », *Histoire Québec*, vol. 10, n° 1, 2004, p. 20-21.

LAROUSSE. « Camps de concentration » (en ligne, page consultée en janvier 2014), http://www.larousse.fr/encyclopedie/divers/camps_de_concentration/35863

LAFLAMME, Jean. *Les camps de détention au Québec durant la première guerre mondiale*, Montréal, à compte d'auteur, 1973, 49 p.

LAFLAMME, Jean. *Spirit Lake, un camp de concentration en Abitibi durant la Grande Guerre*, Éditions Maxime, 1989, 59 p.

RIOPEL, Marc. « Spirit Lake : Un camp de détention en pays de colonisation 1914-1920 », *Encyclobec*, (en ligne, page consultée en novembre 2013), http://www.encyclo-bec.ca/main.php?docid=528

ROY, Christian. « Le camp de détention de Spirit Lake en Abitibi : vestiges d'un complexe carcéral de la Première guerre mondiale », sur le site *Association des archéologues du Québec* (en ligne, page consultée en novembre 2013), http://www.archeologie.qc.ca/passee_spiritlake_fr.php?menu=3

UNE BIÈRE QUI TUE ?

COULOMBE, Daniel et RICHARD, Sara. « Le mythe de la bière Dow », sur le site *Bière Mag* (en ligne, page consultée en juin 2013), http://www.bieremag.com/bm-m-ma1.html

DAIGNAULT, Sylvain. *Histoire de la bière au Québec*, Saint-Constant, Broquet, 2006, 182 p.

MERCIER, Gaston et PATRY, Georges. « Quebec beer-drinkers'cardiomyopathy : clinical signs and symptoms », *Canadian Medical Association Journal*, vol. 97 (15), 7 octobre 1967, p. 884-888.

MORIN, YVES. « Dossier et documents », sur le site *Les cœurs tigrés*, (en ligne, page consultée en août 2013), http://www.lescoeurstigres.ca/dossiers-documents/ou-vrages-consultes

LE BROUHAHA DE LA TOILETTE SILENCIEUSE

CANTIN, Philippe. « Mme Marois n'a plus d'argent », *La Presse*, vendredi 29 octobre 1999, p. A5.

GAGNON, Katia. « Mme Marois défend les rénovations de 400 000 $ à son bureau », *La Presse*, mercredi 20 octobre 1999, p. B1.

THOMPSON, Elizabeth. « Marois flush with funds for new office », *The Montreal Gazette*, mardi 19 octobre 1999, p. A1/à la Une.

ROY, Mario. « Scandale au cabinet », *La Presse*, Éditorial, jeudi 21 octobre 1999, p. B2.

VOIR ROUGE !

ARCHIVES DE RADIO-CANADA.CA. « Maurice Duplessis, Le Chef » (en ligne, page consultée en septembre 2013), http://archives.radio-canada.ca/politique/partis_chefs_politiques/dossiers/1267/

LACOURSIÈRE, Jacques. *Histoire populaire du Québec, 1896-1960, Tome 4*, Sillery, Éditions du Septentrion, 1997, 411 p.

PORTER, John R. « Duplessis et la saga des trésors polonais », *Cap-aux-Diamants : la revue d'histoire du Québec*, no 65, 2001, p. 62-63.

PORTER, John R., PETRUS, Jerzy T. et OSTROWSKI, Jan K. *Le retour des Trésors polonais*, Québec, Musée du Québec, 103 p.

UNIVERSITÉ DE SHERBROOKE, « Dernier triomphe de l'ère Duplessiste », sur le site *Bilan du siècle* (en ligne, page consultée en septembre 2013), http://bilan.usherbrooke.ca/bilan/pagesElections.jsp?annee=1956

LE FEU LAURIER PALACE

Entrevue de Marcel Tessier, historien, accordée à Anne De Léan et Jacinthe Laporte, 28 février 2014.

CLIMAT Canada. « Rapport de données quotidiennes janvier 1927 » (en ligne, page consultée en mars 2014), http://climat.meteo.gc.ca/climateData/dailyda-ta_f.html?timeframe=2&Prov=QUE&StationID=5420&dlyRange=1871-07-01%7C1993-03-31&Year=1927&Month=1&Day=1

FILMS DU QUÉBEC. *9 janvier 1927 : l'incendie du Laurier Palace* (en ligne, page consultée en mars 2014), http://www.filmsquebec.com/9-janvier-1927-lincendie-du-laurier-palace/

RÉDACTION. « Soixante-dix-sept enfants s'écrasent à mort dans un cinéma », *Journal La Patrie*, 48e année, no 266, lundi 10 janvier 1927, la Une.

RÉDACTION. « Les victimes du "Laurier Palace" sont au nombre de 77 », *Le Devoir*, vol. XVIII, no 6, lundi 10 janvier 1927, la Une.

ST-PIERRE, Jacques. *Les malheurs d'une époque, 1859-1979*, Québec, Les Publications du Québec, 2010, 204 p.

« LA GUERRE, LA GUERRE, C'EST PAS UNE RAISON POUR SE FAIRE MAL ! »

Entrevue de Maripierre A. D'Amours et de Cédric Jourde, acteurs principaux du film, accordée à Anne De Léan, 18 avril 2014.

Entrevue de Danyèle Patenaude, co-scénariste du film, accordée à Anne De Léan, 23 avril 2014.

COPTI, Marie-Hélène. *La guerre des Tuques... au fil du temps*, documentaire produit par Les Productions La fête, 2009, 80 min.

EXPO 67 : METTRE LES PETITS PLATS DANS LES GRANDS

Entrevue de Roger La Roche, ex-travailleur de l'Expo 67 et passionné des expositions universelles, accordée à Anne De Léan, 11 mars 2014.

BENOIT, Jacques. « 10 000 enfants et des centaines de belles-mères se perdront pendant l'Expo », *Journal La Patrie*, 7 mai 1967, Une et p. 6.

BERNARD, Florian. « Accommodation Rooming Ltd. s'explique sur le motel inexistant de Boucherville », *La Presse*, 19 mai 1967, p. 3.

BERNARD, Florian. « Les motels montés Place Radio-Canada ne répondraient pas aux normes de sécurité », *La Presse*, jeudi 9 mars 1967, à la Une.

CENTRE D'HISTOIRE DE MONTRÉAL. « Expo 67 », site de la Ville de Montréal (en ligne, page consultée en janvier 2014), http://ville.montreal.qc.ca/portal/page?_pageid=2497,3090612&_dad=portal&_schema=PORTAL

CENTRE D'HISTOIRE DE MONTRÉAL. « Les belles... de l'Expo ! », site de la Ville de Montréal (en ligne, page consultée en janvier 2014), http://ville.montreal.qc.ca/portal/page?_pageid=2497,3090222&_dad=portal&_schema=PORTAL

LA ROCHE, Roger. *Terre des hommes (Expo 67-1981)*, Dossier complet (en ligne, consulté en janvier 2014), http://www.villes-ephemeres.org/

LIZOTTE, Léopold. « Le gouvernement provincial ferme un motel temporaire à Brossard », *La Presse*, samedi 10 juin 1967, 88ᵉ année, nº 18, p. 1 et 8.

TRÉPANIER, François. « Québec dédommagerait les visiteurs qui ont loué des motels de la rive sud qui ne sont pas construits », *La Presse*, vendredi 19 mai 1967, p. 3.

TURCOTTE, Claude. « Washington bloque le courrier destiné à "Canadiana 67 Motel" », *La Presse*, mercredi 9 août 1967, à la Une.

INDEX CHRONOLOGIQUE

CRÉDITS PHOTOS

P. 17 : Archives de l'Église unitarienne de Montréal. Photo : Sébastien Godron. / **P. 19** : Collection personnelle de M. Hugh Mason. / **P. 20** : Le Groupe des collections historiques de la GRC, Regina, Canada. / **P. 22** : Bibliothèque et Archives nationales du Québec, E21, S110, SS1, SSS1, PP43-65 / Reproduction interdite sans l'émission d'une licence par BAnQ / Fonds Ministère des Terres et Forêts / New Carlisle et la pointe de New Carlisle, comté Bonaventure / Compagnie aérienne franco-canadienne, 1927. / **P. 23** : Collection personnelle de Mme Carol Beebe Gilker, New Carlisle, Canada. / **P. 24–25** : Le Groupe des collections historiques de la GRC, Regina, Canada. / **P. 22 :** Bibliothèque et Archives nationales du Québec, E21, S110, SS1, SSS1, PP43-65 / Reproduction interdite sans l'émission d'une licence par BAnQ / Fonds Ministère des Terres et Forêts / New Carlisle et la pointe de New Carlisle, comté Bonaventure / Compagnie aérienne franco-canadienne, 1927. / **P. 26** : Bibliothèque et Archives nationales du Québec, AFF D 00006127 CON, Service de l'information, Ministère des services nationaux de guerre, Approximativement 1942. / **P. 32 :** Bibliothèque et Archives nationales du Québec, P48, S1, P16048. Photo : Conrad Poirier, 1947. / **P. 33** : Collection personnelle d'Alain Lacoursière. / **P. 36** : Bibliothèque et Archives nationales du Québec, E6, S7, SS1, P71549 / Reproduction interdite sans l'émission d'une licence par BAnQ / Fonds Ministère de la Culture, des Communications et de la Condition féminine. Office du film de Québec / L'honorable Maurice Duplessis remettant une généreuse souscription de la province au Président de l'Association canadienne des éducateurs de langue française / Neuville Bazin, 1949. / **P. 38** : Archives / Agence QMI / **P. 40** : Photo : Puxapiti, 2006. / **P. 42-43** : Ville de Montréal, VM94-070-004. / p. 44 : Archives du journal Le Droit, 1976. / **P. 46** : Collection personnelle de Alan Hildebrand. Carte dessinée par M. David Niehaus et M. Alan Hildebrand. / **P. 48** : Collection personnelle de M. Alan Hildebrand. Photo : Alan Hildebrand. / **P. 48** : Collection personnelle de M. Alan Hildebrand. Photo : Alan Hildebrand. / **P. 52** : Archives de la ville de Montréal, VM94-Ed037-018 / **P. 55** : Archives de la ville de Montréal, VM94-Ed037-002 / **P. 56** : Archives de la ville de Montréal, VM94-Ed037-035 / **P. 57 :** Archives de la ville de Québec, VM ; 15-01-03-04. Droits réservés : Ville de Québec. / **P. 58** : Archives de la ville de Montréal, VM94-Ed037-074 / **P. 60** : Musée McCord, VIEW-6187 / **P. 63** : Archives de la ville de Québec, fonds Louis Lachance, VM ; 15-01-06-04 / **P. 64** : Archives de la ville de Québec, VM ; 13-01-04-02 / **P. 67** : Bibliothèque et Archives Canada / Eugene Michael Finn / Dominion Bridge Company / PA-149628 / **P. 67** : Musée McCord, MP-0000.1727.5 / **P. 70** : Archives de la CSN. Photo : Jean-Claude Champagne. / **P. 71** : Archives de la CSN. / **P. 74** : Bibliothèque et Archives nationales du Québec, P48, S1, P2645. Photo : Conrad Poirier, 1938. / **P. 77** : Archives de la ville de Montréal, VM97-3-01-050 / **P. 81** : Archives gaies du Québec. Photo : Anne De Léan. / **P. 82** : Archives / Agence QMI / **P. 83** : Archives gaies du Québec. / **P. 85** : Photo reproduite avec l'aimable autorisation de Michel Girouard. Photo : Jacques Bélair. / **p. 88** : Collection personnelle de Mme Renée Hudon. / **P. 89** : Collection personnelle de Mme Renée Hudon. / **P. 91** : Collection personnelle de Mme Renée Hudon. / **P. 91** : Archives / Agence QMI / **P. 95** : Archives / Agence QMI / **P. 96** : Archives de Montréal, VM94-U4289-040 / **P. 98-99** : Archives / Agence QMI / **P. 101** : Archives de la ville de Montréal, VM94-2000-0304-036 / **P. 102** : Collection de la Société historique Alphonse Desjardins, Photo : Alfred George Pittaway, 1913. / **P. 105** : Collection de la Société historique Alphonse Desjardins, Source : Caisse populaire de Lévis. / **P. 106** : Collection de la Société historique Alphonse-Desjardins, Source

Caisse populaire de Lévis, Photo : Ghislain DesRosiers. / **P. 107** : Collection de la Société historique Alphonse Desjardins, Photo : Alfred George Pittaway. / **P. 111** : Archives de Montréal, BM1-5P0425-1 / **P. 112** : Archives de Montréal, VM94-40-2-093b / **P. 117** : Bibliothèque et Archives Canada /Acc. No. 1983-30-38 / **P. 118** : Bibliothèque et Archives nationales du Québec /P48, S1, P7493. Photo : Conrad Poirier, 1942. / **P. 122** : Collection personnelle de M. Denys Tremblay. Photo : Paul Cimon. / **P. 123** : Collection personnelle de M. Denys Tremblay. Photo : Léopold Rousseau. / **P. 124** : Collection personnelle de M. Denys Tremblay. Photo : Léopold Rousseau. / **P. 125** : Collection personnelle de M. Denys Tremblay. Photo : Paul Cimon. / **P. 127** : Collection personnelle de M. Denys Tremblay. Photo : Daniel Dutil. / **P. 130** : Avec l'autorisation de la Régie de l'assurance maladie du Québec. / **P. 131** : Collection personnelle de M. Castonguay. / **P. 132** : Bibliothèque et Archives Canada / R. Palmer / PA-170535 / **P. 135** : Bibliothèque et Archives Canada / PA-170424 / **P. 136** : Musée McCord, VIEW-5792 / **P. 138** : Pointe-à-Callière, Cité d'archéologie et d'histoire de Montréal, Photographe : Alain Vandal. / **P. 140** : Pointe-à-Callière, Cité d'archéologie et d'histoire de Montréal, Photographe : Alain Vandal. / **P. 141** : Pointe-à-Callière, Cité d'archéologie et d'histoire de Montréal, Photographe : Alain Vandal. / **P. 142** : Pointe-à-Callière, Cité d'archéologie et d'histoire de Montréal, Photographe : Alain Vandal. / **P. 143** : Archives de la ville de Québec, Collection Bernard Hayes, Ernest Rainville Photographe, VM ; 35-01-05-05 / **P. 145** : Musée McCord, M2001.99.113 / **P. 149** : Bibliothèque et Archives Canada /PA-178340 / **P. 150** : Bibliothèque et Archives nationales du Québec, E6, S7, SS1, P20945 / Reproduction interdite sans l'émission d'une licence par BAnQ / Fonds Ministère de la Culture, des Communications et de la Condition féminine. Office du film de Québec / Vieille partie de l, Hôtel-Dieu de Québec / Neuville Bazin, 1944. / **P. 152-153** : Collection Musée national des beaux-arts du Québec, Débarquement des œuvres à Cracovie (Pologne) en 1961. / **P. 156** : Collection de la cinémathèque, Fonds Léon H. Bélanger. / **P. 156** : Collection de la cinémathèque, Fonds Léon H. Bélanger. / **P. 158–159** : Collection de la cinémathèque, Fonds Léon H. Bélanger. / **P. 160** : Hercule Lavoie, photo libre de droits. / **P. 161** : Photo de Anne De Léan. / **P. 164** : Productions La fête. Photo : Jean Demers. / **P. 166** : Productions La fête. Photo : Jean Demers. / **P. 167** : Productions La fête. Photo : Jean Demers. / **P. 168– 169** : Productions La fête. Photo : Jean Demers. / **P. 173** : Collection personnelle de Mme Suzanne Savard. / **P. 174** : Collection personnelle de M. Roger La Roche. Photo : Roger La Roche. / **P. 174** : Collection personnelle de M. Roger La Roche. Photo : Roger La Roche. / **P. 174** : Archives de la Ville de Montréal, VM94-EXd002-066 / **P. 176** : Collection personnelle de M. Roger La Roche. Photo : Roger La Roche. / **P. 176** : Collection personnelle de M. Roger La Roche. Photo : Roger La Roche. / **P. 176** : Collection personnelle de M. Roger La Roche. Photo : Roger La Roche. / **P. 177** : Collection personnelle de M. Roger La Roche. Photo : Roger La Roche. / **P. 179** : Collection personnelle de M. Roger La Roche. Photo : Roger La Roche. / **P. 180** : Archives de la Ville de Montréal, VM94-X35-153 / **P. 181** : Collection personnelle de M. Roger La Roche. Photo : Roger La Roche. / **P. 182** : Collection personnelle de M. Roger La Roche. Photo : Roger La Roche.

Tous les efforts possibles ont été faits pour indiquer correctement la source ou le détenteur des droits de chaque photo et affiche. Les Éditions de l'Homme s'excusent pour toute erreur ou omission à cet égard.

REMERCIEMENTS

Un immense merci à tous ceux qui m'ont aidée en alimentant mes recherches ou en partageant avec moi leur expertise. Je pense à Suzanne Savard, Jacques De Léan, Jacqueline Bétrancourt, Andréa-Stéphanie Labrecque, Pierre Bolduc, Sonia Marcoux, Nicole Lapensée, Michel Babin, Guy Giguère, John R. Porter, Sylvain Allard, Pierre-Olivier Maheu, Rock Demers et les Productions La Fête, Guy Rainville, Sandra Beeby, Révérende Diane Rollert, Gilles Lafontaine, Annie St-Pier, Marcel Tessier, Jacques Prince, Roger La Roche et au site www.villes-ephemeres.org ainsi qu'à tous les gens qui m'ont accordé une entrevue pour ce livre. Je vous remercie du fond du cœur, car sans vous, cet ouvrage n'aurait pas été possible.

Un merci particulier à Philippe Archontakis pour le superbe design graphique, à Vanessa Quintal et à Justine Harbonnier, recherchistes, qui ont mis beaucoup de cœur à m'aider à documenter le tout, à Catherine Gendron qui a été là depuis la première ébauche de ce projet et à Jacinthe Laporte, mon éditrice devenue amie. Merci pour ton travail minutieux, nos longues discussions, mais surtout nos fous rires. C'est grâce à ça qu'on y est arrivées.

À Sébastien pour avoir été d'un soutien exceptionnel, dans ce projet comme dans le reste de ma vie. À nos enfants, pour leur donner le goût d'avoir les deux pieds sur terre et la tête haute dans les nuages.

Suivez-nous sur le Web

Consultez nos sites Internet et inscrivez-vous à l'infolettre pour rester informé en tout temps de nos publications et de nos concours en ligne. Et croisez aussi vos auteurs préférés et notre équipe sur nos blogues!

EDITIONS-HOMME.COM
EDITIONS-JOUR.COM
EDITIONS-PETITHOMME.COM
EDITIONS-LAGRIFFE.COM

Achevé d'imprimé en Chine